사회적경제 비즈니스 모델
수립 및 관리를 위한 안내서

사회적경제 비즈니스 모델
수립 및 관리를 위한 안내서

최중석 지음

사회적가치
(Social Value)

사회적영향
(Social Impact)

사회적투자
(Social Investment)

좋은땅

서문(Intro)

어떻게 현장의 사회적경제 비즈니스가
사회적 목표와 과정, 사회적 결과로 이어지도록 도움을 줄 수 있을까?

저자는 2003년부터 한국사회의 사회적경제 영역에서 연구, 교육 및 컨설팅을 진행해 오면서, 한국 사회의 사회적경제 기업 및 중간지원 조직이 주로 오스터왈더(Osterwalder)와 피그누어(Pigneur)가 제안한 상업적 기업의 비즈니스 모델 수립 방법론인 '9 블록 비즈니스 모델 캔버스'를 사용하거나 그 요소를 일부 수정하여 사회적경제 비즈니스 모델 수립 혹은 검토의 방법으로 사용하고 있다는 점에서 늘 아쉬움을 갖고 있었다. 왜냐하면 상업적 기업의 이러한 도구는 사회적경제 비즈니스가 추구하는 사회문제 해결과 사회적 가치 창출, 지역기반 및 공동체 중심, 신뢰를 기반으로 형성되는 네트워킹, 이해관계자가 함께하는 협동 혹은 연대 등의 사회적 과정을 담아내기에는 한계가 있으며 궁극적으로 사회적경제가 추구하는 사회적 성과와 영향의 결과로 이어지도록 구성되어 있지 않았기 때문이다.

이에 저자는 2018년에 한국연구재단에 《우리나라의 사회적경제 비즈니스 모델 수립 방법론 연구: 비즈니스 모델 캔버스를 중심으로》의 연구를 제안하고 2020년까지 약 2년 동안 연구를 진행하였으며 그 결과물을 2022년 국내 학회지인 한국협동조합연구 40권 3호에 게재하였다. 그러나 학회지의 논문은 사회적경제 비즈니스 현장에서 바로 실무로 사용하기에는 다소 이론적인 측면이 적지 않다. 따라서 현장에서 보다 쉽게 사용할 수 있도록 '사회적경제 비즈니스 모델 수립 및 관리를 위한 안내서'로 《The 'Our! Social Business Model Canvas(이하, 'Our! SBMC'로 칭함) Guidebook》을 집필하게 되었다. 본 안내서에는 한국연구재단의 연구결과물에 저자의 기존 도서인 《사회적경제학(Social Economics), 2023년 개정판》의 사회적경제 비즈니스 구조와 용어 설명을 추가하여 경영 전략적 논리를 보강하였다. 본 서에서 언급하고 있는 내용의 이론적인 배경과 참고문헌, 논리적인 근거, 그리고 사례연구에 대한 보다 자세한 사항이 궁금한 독자는 도서 《사회적경제학(Social Economics), 2023년 개정판》을 참고하면 좋을 것이다.

2023년 3월 3일, 관악산 아래 작업실에서 최중석

서문(Intro)

누구를 위한 안내서인가?

사회적경제란 "사회문제 해결 및 사회혁신 추구 등의 사회적 목적을 달성하기 위하여 이해관계자의 참여와 민주적인 의사 결정, 협동과 연대 등의 사회적 과정을 통하여 이루어지는 개별 경제주체 간의 사회(공동체)(적), 경제적 및 환경적 가치 창출과 영향 확산 행위 및 그에 따르는 관계의 총체"를 말한다. 그리고 "사회적경제 활동을 영위하는 조직이 사회적 과정과 사회적 목적 달성을 조직의 가장 중요한 사명으로 경영하면서 사회적 가치를 창출하고 사회적 영향을 확산하는 개별 경제주체"를 '사회적경제 기업'이라고 부른다.

본 안내서는 이처럼 기존 혹은 신규 사회적경제 기업의 비즈니스 모델을 수립하고 관리하는 데 도움을 주기 위하여 만들어졌다. 그러나 사회적 과정과 사회적 목적을 조직의 가장 중요한 사명으로 하지는 않지만, 이를 추구하는 다양한 형태 및 기관(업)의 사회적 경제 사업 및 활동을 계획하고 그 과정과 결과를 점검하는 데도 사용할 수 있도록 하였다. 본 안내서는 다음의 표와 같이 이미 수행된 비즈니스의 평가와 신규 비즈니스의 예측, 두 가지 용도 모두를 위하여 사용할 수 있다.

구분	내용
예측(Forecast)용	아직 수행되지 않은 활동을 예측하여 비즈니스 모델을 수립하고 관리함
평가(Evaluative)용	이미 수행된 활동을 소급하여 평가하고 비즈니스 모델을 수정하여 재수립함

본 안내서는 짧은 기간 동안 혹은 어느 날 하루 모여서 작성하는 일회적인 도구가 아니라 사회적경제의 사업추진 과정에서 비즈니스 모델을 계획하고 실행하며 성과를 평가하고 수정 및 재적용해 나가는 일련의 경영활동 과정에서 꾸준히 사용할 수 있기를 바라며 사업계획서에 의하여 상호 간 연결이 보다 구체화될 수 있다면 좋을 것이다.

Our! SBMC 모형구조

7개의 범주

25개의 과제해결을 위한 31개의 질문

☆ Who: 6개
☆ Where: 2개
☆ What: 10개
☆ How: 8개
☆ How many: 1개
☆ How much: 4개

2. 사회적 관계정의

- 사회적 목표그룹(Who)
- 사회적 목표그룹과 핵심활동 연결방식(How)
- 사회적 가치제안에 동의하는 그룹(Who)
- 가치제안 동의 그룹의 참여방식(How)

3. 사업적 환경정의

- 사회문제 해결의 최초 지역범위(Where)
- 해당 비즈니스의 중요한 요구(What)
- 핵심활동의 경쟁자와 고객(Who)

4. 조직 운영전략

- 내·외부 이해관계자(Who)
- 이해관계자 협력적 지배구조 방안(How)
- 지역공동체 조직화 방안(How)

1. 사회적 가치제안

- 지역사회 문제발견(What)
- 문제해결 핵심활동(What)
- 사회적 가치제안(What)

5. 사업 운영전략

- 핵심활동 구매자(Who)
- 사회적 경영차별화 방안(How)
- 네트워킹 원천(Who)
- 네트워킹 분야(What)
- 사회적 마케팅 방안(How)

- 비즈니스 활동의 산출물(What, How many)
- 사회적 성과(What, How much)
- 사회적 영향(What, How much)
- 사회적 영향 확장 방안(Where, How)

- 초기자본 및 운영비용(What, How much)
- 초기자본 및 운영비용 조달방안(How)
- 단위기간 손익구조(What, How much)

7. 사회적 성과달성

6. 사업적 재원조달

Our! SBMC 모형구조

총 7가지의 범주로 구성되어 있는 Our! SBMC는 중앙의 '사회적 가치제안'이 출발이자 그 중심에 있으면서 나머지 6가지의 범주들이 함께 논리적으로 연결되어 상호 간에 균형을 이루어 갈 수 있도록 구성하였다. 이 모형구조의 가로를 내려가면서 살펴보면 비즈니스의 '사회적 관계 및 사업적 환경정의(상단) → 조직 및 사업 운영전략(중간) → 사업적 재원조달 및 사회적 성과달성(하단)'이라는 경영활동의 흐름에 따라 비즈니스 모델의 범주를 구성하였다. 이는 화살표 방향 Ⓐ와 같이 모형구조의 수직방향으로 비즈니스 모델을 검토할 수 있도록 한 것이다.

또한 화살표 방향 Ⓑ와 같이 모형구조의 수평방향으로 2개의 영역으로 구분할 수 있도록 구성된 좌·우측 세로는 사회적경제 비즈니스가 갖는 사회적(좌측, 화살표 Ⓓ 방향) 및 사업적(우측, 화살표 Ⓒ 방향) 측면의 양면성을 각자는 보다 세밀하게 그리고 상호 간에는 어떻게 균형을 이루면서 비즈니스를 운영해 나갈 것인지를 정리할 수 있도록 하였다. 세부적으로 총 25개 해결과제의 31개 질문에 답함으로써 비즈니스 모델을 수립하고 관리할 수 있도록 하였으며 '누구(Who)인가'에 대한 답변 6개, '어느 지역(Where)인가'에 대한 답변 2개, '무엇(What)인가'에 대한 답변 10개, '어떻게(How) 할 것인가'에 대한 답변 8개, '수량적인 결과(How many)는 어느 정도인가'에 대한 답변 1개, '금액적인 결과(How much)'는 얼마인가에 대한 답변 4개로 구성되어 있다.

조직 및 비즈니스 개요 작성가이드

조직 및 비즈니스 개요

기업명		사업명	
작성 용도	예측용( ), 평가용( )	작성자(팀)	
사업 기간	( )년 ( )월 ( )일 ~ ( )년 ( )월 ( )일	작성일자	( )년 ( )월 ( )일

• 작성 방법

기업명은, 기존 기업의 경우는 현재의 기업 명칭을, 설립 예정인 경우는 가상의 기업 명칭을 기재합니다.

사업명은, 지역사회에서 발견한 문제와 해당하는 사회적 목표그룹, 그리고 해결방법을 요약하여 20~50자 사이로 작성합니다.

작성용도는, 기존 비즈니스인 경우에는 평가용에 체크하고 신규 비즈니스인 경우는 예측용에 체크합니다,

작성자(팀)는, 작성에 참가한 리더와 참가자를 기재합니다.

사업기간은, 목표한 사회적 성과가 창출되는 데 소요되는 단위 기간 혹은 주어진 프로그램 및 사업의 기간을 기재합니다. 정해지지 않은 경우에는 1년(12개월)의 기간을 정하여 기재합니다.

작성일자는, 작성한 날을 기재합니다.

• 작성 실습

■ 조직 및 비즈니스 개요

기 업 명		사 업 명	
작성용도		작성자(팀)	
사업기간	( )년 ( )월 ( )일 ~ ( )년 ( )월 ( )일	작성일자	( )년 ( )월 ( )일

범주 1 작성가이드

1. 사회적 가치제안

사회적 가치는 개인 또는 자본의 이익보다는 사회적 목표그룹을 우선으로
고려하면서 공공의 이익과 사람을 중심으로 더불어 살아가는 사회 속에서
지역공동체 구성원 등의 이해관계자가 얻는 만족 혹은 행복을 말합니다.

해결과제

- 지역사회 문제발견(What)
- 문제해결 핵심활동(What)
- 사회적 가치제안(What)

사회적경제 비즈니스 모델 수립 및 관리를 위한 안내서

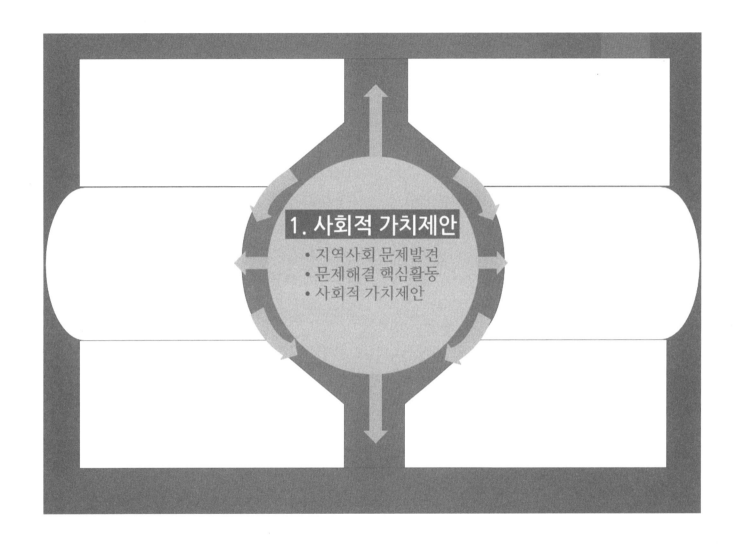

■ 지역사회 문제발견(What)

• 질문

· 지역사회에서 발견한 문제는 무엇인가?

• 용어

〈사회문제〉는 해결 및 대응하기 어렵거나 시장의 일반적인 가격으로 조달하기 곤란한 재화와 서비스에 대한 사회적 목표그룹 또는 지역공동체의 욕구와 필요를 말합니다.

〈사회적 목표그룹〉이란 금전적·사회적·정치적·육체적 등의 영향력 부족으로 고통을 받거나 배제 또는 소외를 당하는 사람들이 안정을 이루고 배제 또는 소외가 해결되어 해당 공동체 구성원들과 평등한 사회적 가치를 누릴 수 있도록 선정된 당사자 또는 당사자 그룹을 말합니다. 일반적으로 사회적 약자, 취약계층, 수혜자라는 용어로 사용됩니다. 예시로는 '가난한 사람 또는 가정', '(중증)정신·지체·발달 등의 장애인', '(독거)노인', '노숙자', '청소년 가장', '근로 청소년', '학교 밖 청소년', '한 부모 가정', '장기 실업자', '소규모의 어려운 농·축산업자 및 자영업자' 등을 들 수 있습니다.

• 답변 작성 방법

지역사회 문제발견은 개인(특히 사회적 목표그룹) 혹은 지역에서 해결하기 어렵거나 대응 혹은 조달하기 곤란한 재화와 용역에 대한 그 구성원 또는 지역사회의 욕구와 필요를 발견하고 그 문제점을 작성합니다. 작성은 '❶ 사회적 목표그룹', '❷ 문제의 심각성', '❸ 정량적인 문제제기', '❹ 문제의 즉각적인 영향'에 대하여 작성합니다.

■ 지역사회 문제발견(What)

• 작성 예시

사업주제: 나이지리아 북부의 실업자 청소년에게 농업 소득을 제공하는 농업 단체의 도전에 관한 비즈니스

도전 규모가 상대적으로 작은 시나리오의 예

청년 실업률 10%(정량적 문제제기)의 실업 상태에 있는 청년들(사회적 목표그룹)은 재정적으로 독립적인 가족 구성원들에 의해 비교적 편안하게 지원(문제의 심각성)받고 있지만 아무런 변화가 즉시 발생하지 않는다면, 단기적으로는 이러한 청년들이 현 상태에 머물러 있을 것이다(문제의 즉각적 영향).

도전 규모가 상대적으로 큰 시나리오의 예

청년 실업률 80%(정량적인 문제제기)의 실업 상태인 청년과 그 가족(사회적 목표그룹)은 수입이 부족하여 심각한 영양실조를 겪고 있으며 자녀를 양육할 수 없는 상태이고 또한 이 지역에는 테러 집단도 있다(문제의 심각성). 현재 청년 실업자 프로그램에 재정적 인센티브를 많이 사용하고 있지만, 문제를 해결하기에는 부족한 실정이다. 만약 청년 실업 문제가 조만간 해결되지 않으면 많은 청년이 테러리스트 그룹에 가입하게 되며 심각한 사회문제를 초래할 것이다(문제의 즉각적 영향).

사업주제: 거리의 재활용품 수집 할머니들에게
사용하기 편안하고 사고도 예방할 수 있는 전동형 리어카 개발과 보급 비즈니스

우리는 동네에서 생계를 유지하기 위하여 휴지 및 빈병 등을 모아 팔아서 살아가고 계시는 할머니를 자주 만난다(사회적 목표그룹). 할머니들이 운반용으로 사용하는 손수레는 재활용으로 모은 많은 물품을 담기에 너무 작으며 작동하기도 어려울 만큼 낡았다. 어떤 경우에는 도로를 가로질러 지나면서 교통사고의 위험에 노출되어 있다(문제의 심각성). 한국에서 이처럼 폐휴지를 주어서 생계를 꾸려 가는 할머니들의 비율이 70세 이상의 여성 인구 중에서 10%(정량적인 문제제기)나 차지하고 있는데 이들을 보살피지 않고 방치한다면 복지국가의 미래는 어두울 수밖에 없으며 사회 공동체의 붕괴는 가속화될 것이다(문제의 즉각적 영향).

• 작성 실습

■ 지역사회 문제발견(What)
〈작성〉
〈요약〉

■ 문제해결 핵심활동(What)

• 질문

· 발견한 문제를 해결할 핵심활동(재화 혹은 서비스 제공)은
  무엇인가?

• 답변 작성 방법

앞에서 언급한 지역사회 문제해결을 위하여, 사회적 목표그룹
에게 대응 혹은 조달하기 곤란한 '재화 혹은 서비스의 구체적인
제공 내용과 방법(❶ 솔루션)'을 작성합니다.

그리고 의도적으로 상기의 솔루션으로 경영하면 '사회적 목표
그룹에게 주는 이득(❷ 사회적 성과)'은 무엇이며 문제해결의
규모를 고려할 때 솔루션에서 '기대하는 긍정적인 사회변화의
효과(❸ 사회적 영향)'는 무엇인지 작성합니다.

또한 다른 공공 부문과 민간의 상업적 시장에 이와 비슷한 기존
솔루션이 존재한다면 제시한 솔루션이 지역사회의 문제해결
에 있어서 그들보다 더 적절하고 더 필요한 이유를 작성합니다.

이는 윤리적인 관행 등을 통하여 이해관계자(예: 직원, 공급 업
체, 고객 등)에게 긍정적인 사회적 책임 혹은 사회적 영향의 변
화를 줄 수 있다는 점으로도 작성('❹ 기존 솔루션과 차이')할
수 있습니다.

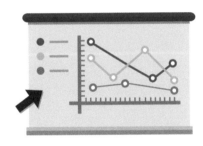

■ 문제해결 핵심활동(What)

• 작성 예시

사업주제: 지역의 소규모 농부들의 생산품을 제값에 구매하여 집계하고 대량으로 대기업에 판매하는 비즈니스

전형적으로 소량만 판매할 수 있는 농민들로부터 제값에 농작물을 구매하여 집계하고, 대량 구매하는 대기업에 판매(솔루션)하는 모잠비크의 사회적경제 기업 사례는 작업을 통해 농작물을 모으고, 대규모 구매자와 농민을 연결하는 것으로 재정적으로 매력적인 시장이라는 것(솔루션)을 보여 준다. 따라서 새로운 사회적경제 기업이 시장에 진입하여 개별 농가 각자가 진행하기 어려웠던 방식 혹은 낮은 가격으로 농산물을 구매하여 유통하는 중간 도매상과는 다른 방식으로 농민을 연결(기존 솔루션과 차이)한다. 이는 조직적으로 규모 있는 시장을 창출함으로써 농부에게 지속 가능한 혜택을 증대(사회적 성과)시켜 줄 수 있으며 사회적경제 기업이 제공하는 수익이 개별 농민이 판매하던 방식의 수익을 뛰어넘는다(사회적 영향).

사업주제: 교육기회가 적은 '청소년'의 학습을 지도하는 '대학생'과 이들에게 멘토링을 제공하는 '사회인'의 삼각 멘토링 비즈니스

사회적인 불평등으로 인하여 학업기회가 부족한 다양한 배경을 가진 청소년에게 학습지도와 멘토링을 제공하는 대학생 장학샘, 그리고 장학샘에게 멘토링을 제공하는 사회인 멘토라는 삼각 멘토링 시스템을 운영(솔루션)하는 사회적경제 기업은 청소년에게는 부족한 교육기회를 확대하고 장학샘에게는 보다 바람직한 사회인으로 성장할 수 있는 기회를 제공(사회적 성과)한다. 이는 틀에 갇힌

입시교육 위주의 공교육과 사교육 시장에서는 볼 수 없는 시스템이며 이웃, 사회 및 공동체에 대한 폭넓은 시야도 갖도록 도와준다 (기존 솔루션과의 차이). 이러한 비즈니스 모델은 장학샘과 취약계층 청소년 모두에게 포용력을 갖춘 사회통합형 리더와 책임감 있는 사회구성원으로 성장하도록 하며 미래 포용인재를 양성하여 나눔과 다양성의 가치를 확장한다(사회적 영향).

· 작성 실습

■ 문제해결 핵심활동(What)

〈작성〉

〈요약〉

■ 사회적 가치제안(What)

• 질문

· 추구하는 가치[경제적 · 사회(공동체)(적) · 환경적 · 부가된 시장의]는 무엇인가?

• 용어

〈사회적 과정〉은 조직이 사회적 목적을 달성하는 과정에서 금융 수단 또는 정치적, 경제적, 육체적, 정신적, 문화적 등의 여건이 부족한 사람들을 우선적으로 고려하면서 이해관계자의 참여와 민주적인 의사 결정, 공정하고 투명한 운영, 자본보다는 사람과 노동을 중시하고, 협동과 연대 등을 조직 운영의 중요한 원리로 삼는 것을 말합니다.

〈경제적 가치〉는 사회적 과정을 통하여, 개인적으로 금융 수단이 부족하고 가난한 사람들과 더 나아가 지역공동체 구성원 등 이해관계자가 일할 기회를 얻고 의 · 식 · 주를 포함한 가난을 극복하는 것과 다른 한편으로는 왜곡된 경제구조(한국사회의 경우 농축산물의 유통구조, 대기업과 중소기업 사이의 상생구조,

소상공인의 생존구조 등)로 인하여 불이익을 받는 경제주체들이 바람직한 경제구조가 만들어지는 일로 인하여 얻는 정성적 또는 정량적인 만족이나 행복을 말합니다.

〈사회(공동체)(적) 가치〉는 사람들이 공동체 속에서 사회적 과정을 통하여 건강, 교육, 보육, 금융, 노동, 영양, 안전, 문화, 예술, 언론, 법률, 정치, 민주, 평화 등의 서비스 또는 먹거리를 포함한 생필품 등의 제품 공급에 있어서 균등한 혹은 바람직한 기회를 보장받고 공동체성을 회복하게 하는 등의 일로 인하여 얻는 정성적 또는 정량적인 만족이나 행복을 말합니다.

〈환경적 가치〉는 사회전체 또는 공동체 구성원들이 한편으로는 위생과 물 및 기후를 포함하여 지역, 지방, 국가 및 지구의 천연자원과 다른 한편으로는 경제주체들의 생산물이 안전하고 지속 가능하도록 친환경적으로 관리되고 공급됨으로 인하여 인류사회가 얻게 되는 정성적 또는 정량적인 만족이나 행복을 말합니다.

〈부가된 시장의 가치〉는 상업적 기업의 경우와 마찬가지로 시장의 소비자에게 기존의 제품 또는 서비스의 가치를 개선·개발·혁신하거나 새로운 시장을 개척하는 등의 활동으로 인하여 부가적으로 제공되는 가치를 말합니다. 사회적경제 비즈니스에서는 앞에서 설명한 경제적 가치, 사회(공동체)(적) 가치, 환경적 가치를 중심으로 시장의 가치가 부가된 경우에 한하여 기재하며 이러한 경우에도 최소한의 윤리적 기준(공정, 환경, 행위자간 신뢰 등)을 준수해야 합니다.

• 답변 작성 방법

'❶ 사회적 가치제안'은 위에서 설명한 경제적, 사회(공동체)(적), 환경적 가치의 각 설명문의 예시 중에서 해당되는 부분의 내용을 작성합니다. 추가로 부가된 시장의 가치를 기재할 수 있습니다. 사회적 가치제안은 앞에서 설명한 가치를 중심으로 개별 비즈니스가 지향하는 사회적 목표에 따라 더욱 다양하게 확대될 수 있을 것입니다.

이러한 사회적 가치가 사회에 더 많은 긍정적인 영향을 확산하고 여기에 자본이 투자되고 정성을 쏟는 순환과정이 이루어질 때 사회적경제 비즈니스의 가치 창출 활동은 지속 가능하게 이어질 것입니다.

■ 사회적 가치제안(What)

• 작성 예시

**사업주제: 해양 플라스틱 필름을 친환경적으로 분해하여 환경오염 저감과
석유를 대체할 수 있는 소재를 개발한 비즈니스**

우리는 바다에 버려져 오염되고 있는 해양 플라스틱 필름을 친환경적으로 분해하여 이염기 에스테르(Dibasic Eesters)를 생성하는 기술을 개발하였다. 오늘날 에스테르는 석유를 사용하여 생산되며 섬유 및 재료 생산에 필수적이다. 우리는 이 기술로 플라스틱으로 인한 오염을 줄이고 석유를 대체할 수 있는 환경적 영향의 두 마리 토끼를 잡을 수 있게 되었다.

우리는 오염된 플라스틱의 세척으로 인하여 오염물이 유출되는 것을 방지하기 위해 화학 공정에서 플라스틱을 세척할 필요가 없는 액체 촉매를 사용하며, 비즈니스 단계에서도 환경적 가치를 지키고 있다. 그것은 "촉매를 효과적으로 회수하고 시약을 보수적으로 사용하는 것, 가능한 한 짧은 시간 안에 많은 양을 처리하는 것(재활용할 플라스틱이 엄청 많음), 기존의 대규모 장비를 사용하여 쉽게 확장하는 것, 가능한 한 적은 폐기물을 생성하는 것, 신상품을 생산하는 데 사용할 수 있는 바람직한 결과물을 창출하는 것, 이 과정에서 온실가스 배출이 거의 없거나 전혀 없이 환경적인 영향을 창출하고 지속 가능하도록 하는 것"이다. 우리의 비즈니스는 환경 위기 속에서 폐기물을 업그레이드하고 온실가스(GHG, GreenHouse Gas) 배출량을 줄이는 환경적 가치 추구의 대표적인 비즈니스이다.

사업주제: 쓸모없고 보기 흉한 민물고기로부터 필레와 육포를 개발하여
지역공동체 어부의 일자리와 수입을 증대시킨 비즈니스

남부 멕시코에서는 악마의 물고기라고 불리는 민물고기가 잡힌다. 이로 인하여 물고기를 잡아 생계를 꾸려가는 우리 지역의 어부들이 골머리를 앓고 있었다. 먹을 수도 없고 매우 불쾌하게 생긴 이 물고기는 잡힌 물고기의 70~80%를 차지하는데, 이로 인하여 어부들의 어업 활동은 치명적인 영향을 받고 있었고 버리는 것도 일이 되어 버렸다. 그러나 잘못된 정보와 낙인 때문에 어부들은 이것을 버리지만 훌륭한 맛과 영양가 높은 물고기임을 알게 되었다. 이러한 사실을 알게 된 우리는 지역공동체 어부들과 함께 온화한 맛과 단단한 질감을 살리면서 오메가 3와 기타 영양소가 풍부한 '엘 디아블리토(El Diablito)'라는 육포와 뼈 없이 저민 살을 가공하여 팔 수 있는 '필레(Fillet)'를 생산하여 판매하고 있다. 이는 지역공동체 어부라는 사회적 목표그룹의 경제적 가치에 기여한 대표적인 비즈니스이다.

우리의 제품은 멕시코 전역과 미국 전역의 레스토랑 및 기업체의 주방에 판매되고 있다. 이것으로 인하여 지역공동체의 어부들은 전혀 쓸모없었던 물고기로부터 20~30%의 추가적인 경제적 가치를 창출하게 되었으며 지역공동체에는 추가적인 고용 창출이 이루어지고 있다. 우리의 순이익은 금방 400% 이상 성장하였고, 타바스코와 멕시코시티의 불우한 사람에게 제품의 상당 부분을 기부하고 있다. 우리는 어업협동조합과 직접 협력하여 지역 어민이 소규모 생산 시설을 가동하는 데 필요한 교육 및 기본 장비를 제공하고 생산물의 100% 구매를 보장한다. 이를 통해 어부들은 낚시나 다른 직업보다 약 40% 더 많은 수입을 올리게 되었다. 또한 어부들은 일상적으로 잡은 마귀어를 판매하여 일일 수입을 두 배 또는 세 배까지 늘릴 수 있게 되었다. 그리고 지역 해역에서 마귀어 제거를 장려함으로써 이 침입 물고기의 영향을 받는 토종 물고기 자원을 재건하도록 돕고 있다.

• 작성 실습

■ 사회적 가치제안(What)
〈작성〉
〈요약〉

MEMO

범주 2 작성가이드

2. 사회적 관계정의

사회적 목표그룹은 사회적경제 비즈니스의 생산에 참여하거나 소비에 참여한다. 그리고 시장에는 이들의 사회적 가치에 동의하는 많은 개인 및 조직이 존재한다. 사회적 가치제안에 동의하는 그룹은 사회적경제 비즈니스의 생산 혹은 소비에 직접적인 도움을 주기도 한다.

해결과제

- 사회적 목표그룹(Who)
- 사회적 목표그룹과 핵심활동 연결방식(How)
- 사회적 가치제안에 동의하는 그룹(Who)
- 사회적 가치제안 동의 그룹의 참여방식(How)

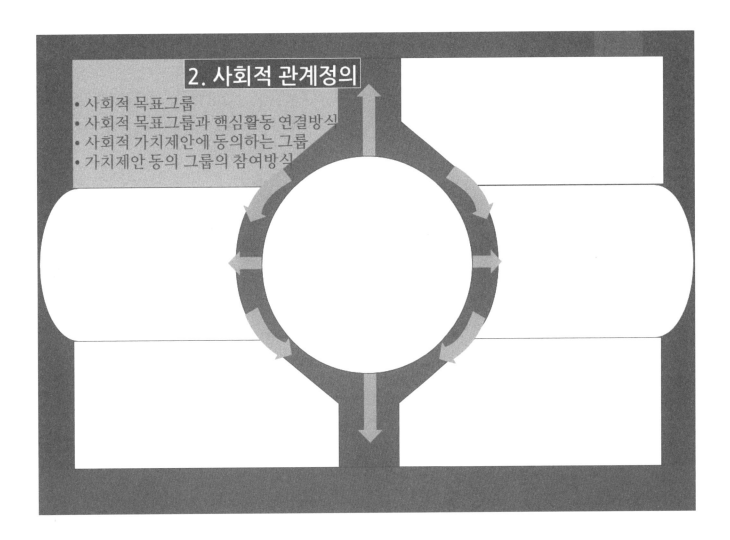

■ 사회적 목표그룹(Who)

· 질문

· 사회적 목표그룹은 누구인가?

· 답변 작성 방법

범주 1의 해결과제인 '지역사회 문제발견'에서 언급한 사회적 목표그룹의 '❶ 인구 통계적 특성'을 기재합니다. 사회적 목표그룹이 개인인 경우에는 성, 연령, 지역, 가족 수, 직업, 학력, 소득 등의 특성으로, 기업 및 단체인 경우에는 지역, 업종, 규모(직원, 매출 등) 등의 특성으로 작성합니다.

그리고 사회적 목표그룹이 되기 위한 '❷ 내적 혹은 외적인 참여 기준'은 무엇인지 작성합니다. 대체로 내적 기준은 '출자금을 낸 가입 조합원이면 누구나'와 같이 내부 규정이나 의사결정에 의하여 크게 제한을 두고 있지 않지만 외적 기준은 공공의 정책과 제도 혹은 협력조직의 요구기준에 의하여 보다 정량적인 기준을 가지고 있을 수 있습니다.

서로 다른 둘 이상의 그룹이 사회적 목표그룹이 될 수 있는데, 이럴 경우에는 각각의 '❶ 인구 통계적 특성'과 '❷ 내적 혹은 외적인 참여 기준'을 작성합니다.

공동체 가치 및 환경적 가치를 지향하는 사회적경제 비즈니스의 경우에는 조직, 기업 혹은 지역공동체 구성원 전체를 사회적 목표그룹으로 비교적 폭넓게 선정할 수 있습니다. 이럴 경우라도 사업지역의 범위는 가능하면 최소화하여 출발하는 것이 필요합니다.

■ 사회적 목표그룹(Who)

• 작성 예시

사업주제: 저개발국가의 시골 여성에게 저렴하고 깨끗한 출산용 소독 키트를 제공하여 산모와 아이의 건강을 보호하는 비즈니스

제1의 사회적 목표그룹은 출산 과정에서 돌봄을 받지 못하고 있는 인도 비하르(Bihar)와 오디샤(Odisha) 지역의 산모와 신생아이다. 출산용 키트는 이 지역 의료기관(산부인과)을 방문하는 산모 누구에게나 제공되며 별도의 제한기준은 없다. 우리 비즈니스의 제2의 사회적 목표그룹은 이 지역에 살고 있는 시골 여성으로 이들은 출산용 키트 제조업체에 취업하여 키트를 포장하고 조립하는 데 고용되며 지속 가능한 일자리의 혜택을 받을 수 있다. 이 지역의 여성이면 누구든지 제조업체에서 일할 수 있지만 기본 수준 이상의 조립 품질이 가능할지에 대한 채용 면접심사는 통과해야 한다.

• 작성 실습

■ 사회적 목표그룹(Who)
〈작성〉
〈요약〉

■ 사회적 목표그룹과 핵심활동 연결방식(How)

• 질문

· 핵심활동이 사회적 목표그룹과 어떻게 연결되는가?

• 답변 작성 방법

범주 1의 해결과제인 '문제해결 핵심활동'을 사회적 목표그룹과
'❶ 연결하는 방법'을 작성합니다. 일반적으로 사회적 목표그룹
은 문제해결 핵심활동의 소비에 참여하거나 생산에 참여하게
되는데 그 내용을 작성합니다.

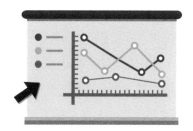

■ 사회적 목표그룹과 핵심활동 연결방식(How)

• 작성 예시

사업주제: 모자 및 재제조 토너카트리지 생산을 통해 중증장애인에게 취업과 사회활동의 기회를 제공하는 비즈니스

우리는 중증장애인에게 직업훈련과 교육을 통하여 일반고용의 기회를 제공하며, 중증장애인이 지역사회 일원으로, 생산적인 시민으로 살아갈 수 있도록 체계적인 직업재활서비스를 제공한다. 우리는 중증장애인이 일을 통하여 생산 활동에 참여하고 지역사회 구성원으로서 동등하게 살아갈 수 있도록 삶의 질을 향상시키는 것을 목적으로 한다. 우리는 중증장애인이 보다 좋은 환경 속에서 체계적인 시스템을 통해 품질 높은 제품을 생산할 수 있도록 모자, 재제조 토너카트리지 원스탑 생산라인을 구축하였다. 우리는 우체국 등 공공기관과 삼성물산 등 브랜드 모자를 ODM(Original Development Manufacturing, 생산자가 제품을 개발하여 생산하고 주문자의 상표로 납품) 및 OEM(Original Equipment Manufacturing, 주문자가 제품을 개발하고 생산자가 주문자의 상표를 부착하여 납품) 방식으로 생산하여 제공한다. 또한 자체 브랜드도 개발(동천모자)하여 생산하고 일반 시장에 유통하고 있다.

• 작성 실습

■ 사회적 목표그룹과 핵심활동 연결방식(How)
〈작성〉
〈요약〉

■ 사회적 가치제안에 동의하는 그룹(Who)과 그들의 참여방식(How)

· 질문

· 사회적 가치제안에 동의하는 그룹은 누구인가?

· 사회적 가치제안에 동의하는 그룹은 사업에 어떻게 참여하는가?

· 용어

〈프로보노, Pro Bono〉는 '공익을 위하여(Pro Bono Publico: For the Public Good)'라는 뜻의 라틴어 약어로서 자발적으로 보수 없이 전문적인 지식과 기술 등의 역량을 지역 공동체, 비영리 조직 및 사회적경제 기업 등의 공익을 위하여 제공하는 사람을 말합니다.

· 답변 작성 방법

첫째, 사회적 가치에 동의하는 그룹은 범주 1의 해결과제인 '문제해결 핵심활동'을 무상 혹은 저렴한 비용으로 지원하는 자원봉사자 및 프로보노의 개인 혹은 단체 이름을 작성합니다. 이를 작성할 때에는 사회적 가치에 동의하는 그룹이 보유하고 있

는 '❶ 역량을 설명하고 이름'을 기재합니다. 사회적 가치에 동의하는 그룹이 복수일 수 있습니다.

문제해결 핵심활동의 지원여부 판단은 사회적 목표그룹의 소비에 해당하는 서비스를 제공(사회적 목표그룹이 소비에 참여하는 경우)하거나 생산에 도움을 주는 일(사회적 목표그룹이 생산에 참여하는 경우)인지 아닌지를 판단하여 결정합니다.

예를 들어 사회적 목표그룹이 디자인 벽지를 생산하고 유통하는 사회적경제 기업을 무상으로 지원하는 '디자인 전문가'는 사회적 가치에 동의하는 그룹에 해당되지만, 가사간병 서비스를 제공하는 사회적경제 기업을 무상으로 지원하는 '디자인 전문가'는 사회적 가치에 동의하는 그룹에는 기재하지 않습니다.

둘째, 사회적 가치제안 동의 그룹의 참여방식은 문제해결 핵심활동에 도움을 주는 '❷ 서비스의 제공 혹은 생산 활동의 내용'을 작성합니다.

■ 사회적 가치제안에 동의하는 그룹(Who)과 그들의 참여방식(How)

• 작성 예시

사업주제: 전 세계 휠체어 접근 가능 여부를
오픈 스트리트 맵(Open Street Mapping) 형식으로 제공하는 비즈니스

우리는 전 세계에서 최초로 크라우드 소싱(Crowdsourcing: 일반 대중으로부터 필요한 자원을 조달함) 방식으로 휠체어 접근 가능 여부의 정보를 구축하여 오픈 스트리트 맵(Open Street Mapping) 플랫폼을 제공할 계획이다. 도시의 휠체어 사용자는 인터넷으로 쉽게 우리의 정보에 접근할 수 있으며 휠체어 접근 가능 지역 및 접근하기 어려운 장소, 부분적으로 접근이 가능한 장소에 대하여 식별할 수 있다. 우리는 장애인의 이동권과 접근권을 높여 주고 공동체 속에서 더불어 살아갈 수 있는 사회(공동체)(적) 가치를 추구하는 일에 사명을 두고 일할 것이다. 지난 1년 동안 시범사업을 운영한 결과, 사회적 가치에 동의하는 인터넷 사용자들이 우리의 '휠 매핑 프로보노 그룹'에 등록하고 무료 매핑을 지원해 오고 있다. 여기에는 휠체어 사용자, 그리고 휠체어 사용자와 밀접한 관계에 있는 많은 자원봉사자들이 함께 한다. 우리는 지난 1년간 우리나라 대도시 대부분 지역의 매핑을 완성하였다.

· 작성 실습

■ 사회적 가치제안에 동의하는 그룹(Who)과 그들의 참여방식(How)

〈작성〉

〈요약〉

MEMO

범주 3 작성가이드

3. 사업적 환경정의

지역사회 문제해결은 의도적으로 지역사회의 문제를 조사하여 발견하고 능동적으로 해결책을 찾기도 합니다. 지역사회 욕구조사란 "부족한 지역사회의 재화와 서비스를 발견하고 자원을 투입하기 위하여 지역사회의 자료를 수집하고 분석하는 체계적인 과정"이라고 할 수 있습니다. 이러한 행위는 지역사회의 책임감에 대한 어떤 동의가 존재하는 것이기도 합니다.

해결과제

- 사회문제 해결의 최초 지역범위(Where)
- 해당 비즈니스의 중요한 요구(What)
- 핵심활동의 경쟁자와 고객(Who)

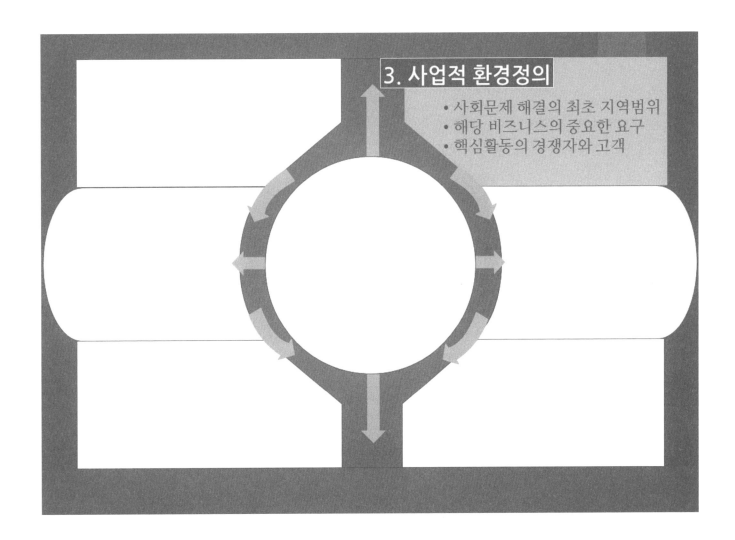

3. 사업적 환경정의

- 사회문제 해결의 최초 지역범위
- 해당 비즈니스의 중요한 요구
- 핵심활동의 경쟁자와 고객

■ 사업적 환경정의(최초 지역범위(Where), 비즈니스의 중요한 요구(What), 핵심활동의 경쟁자와 고객(Who))

• 질문

· 사회문제 해결의 최초 지역사회 범위는 어디인가?

· 지역사회 문제발견 이외의 해당 비즈니스의 중요한 요구는 무엇인가?

· 핵심활동의 시장 경쟁자와 고객은 누구인가?

• 답변 작성 방법

❶ 사회문제 해결의 최초 지역범위'는 지역의 명칭을 '행정동', '아파트 이름과 동', '지역사회의 어느 거리 또는 공간에 대한 공유된 명칭', '시·군·구', '광역시·도', '북한의 어느 지역', '한반도 전체', '다른 나라의 국가이름', '대륙이름' 등으로 해당하는 내용을 기재합니다. 가능하면 가장 작은(좁은) 단위에서 시작하여 확장하는 것이 좋습니다.

❷ 해당 비즈니스의 중요한 요구'는 범주 1의 해결과제인 '지역사회 문제발견'과 '문제해결 핵심활동'에서 언급한 욕구와 필요 이외에 해당 비즈니스에서 필요로 하는 중요한 지역사회의 요구를 작성합니다.

예를 들어 '지역공동체 주민 활동 공간 필요', '생활 작품 제작을 위한 봉제기술 필요', '근로 청소년 혹은 학교 밖 청소년 현황 파악 필요', '친환경 인증시스템 지원체계 필요' 등이 해당될 수 있습니다.

❸ 핵심활동의 경쟁자와 고객'은 지역범위에서 문제해결 핵심활동의 재화와 서비스를 공급하는 시장의 경쟁자는 누구인지 기업 명칭을, 고객은 누구인지 개인 및 기업·단체 명칭'을 작성합니다. 개인은 인구 통계적 특성(성별, 연령별, 소득수준별, 직업별 등)으로, 기업·단체(영리기업, 정부 및 지자체, 공공기관 포함)는 그 명칭을 기재합니다.

■ 해당 비즈니스의 중요한 요구(What)

· 용어

〈공정무역(Fair Trade)〉은 제품 혹은 농산물 등의 생산과 관련하여 국제무역의 시장모델에 기초하여, 생산자는 사회와 환경의 표준을 지키고 소비자 혹은 구매자는 공정한 가격을 지불하도록 촉진하는 사회운동을 말합니다. 주로, 저개발 국가의 가난하고 소외된 생산자를 위해 공평하고 지속적인 거래를 보장하고 불평등한 무역 관행과 빈곤 문제를 해결하려는 전 세계적인 움직임입니다.

· 작성 예시

사업주제: 시골지역의 농산물을 친환경 소비욕구가 강한 도시 소비자와 연결하는 지역거점 온 · 오프라인 플랫폼 비즈니스

우리 지역의 시골에는 친환경 농산물을 생산하는 농가가 여러 곳이 있다. 하지만 소작농인 이들은 시장에서 제값을 받을 수 있는 유통경로도 모를뿐더러 커다란 유통 상점에 납품할 정도의 규모도 갖추지 못하고 있다. 그래서 우리는 우리 지역에서 가까운 도시에 살고 있는 주민과 시골 농부를 연결하는 온라인 소통 채널과 오프라인 유통 시스템을 구축하여 도시 주민은 믿을 수 있는 농산물을 구매하고 시골 농부는 제값을 받고 농산물을 판매할 수 있는 공정무역의 정신을 실천해 보려고 한다. 추진 방법으로 N농민 1아파트 자매결연 맺기와 친환경 수거형 그린박스(GreenBox) 제도를 도입하려고 한다. 이를 위한 협력조직과 홍보방법은 주민자치회, 경기버스, 지역TV, 지역택배업체, 지역SNS커뮤니티, 유튜브를 활용하려고 한다.

지난 3개월간 시골 농가 및 도시 주민 사전 설문조사와 인터뷰를 실시한 결과 우리의 비즈니스 모델에 대하여 긍정적인 답변을 받았다. 그런데, 시골 농가는 농업기술 지원에 대한 욕구가 있었으며 도시 주민은 친환경 농산물에 대한 신뢰가 필요하다는 반응을 보였다. 이를 위하여 지난달부터 농업기술원을 방문하여 농부들이 보다 체계적인 재배기술을 습득할 수 있는 방법을 알아보고 있으며, 우리지역에 있는 국립농산물 품질관리원의 친환경농산물 인증기관을 방문하고 '유기농산물', '무농약농산물', '유기가공식품', '무농약원료가공식품'의 인증절차와 방법에 대하여 알아보고 있다.

• 작성 실습

■ 사업적 환경정의[최초 지역범위(Where), 비즈니스 요구(What), 핵심활동의 경쟁자와 고객(Who)]

〈작성〉

〈요약〉

4. 조직 운영전략

이해관계자란 조합원, 주주, 지역공동체, 정부 및 지자체, 중간지원조직, 비즈니스 협력자 등 조직에 특별한 공헌을 하고 반대로 조직은 그들에게 서로 다른 이익을 제공하는 개인, 기업 또는 단체를 말합니다. 이해관계자 경영은 조직의 목표 달성 및 행위에 영향을 주거나 영향을 받는 이해관계자와 경영의사 결정 및 활동을 공유하고 협력하는 경영을 말합니다.

해결과제

- 내·외부 이해관계자(Who)
- 이해관계자 협력적 지배구조 방안(How)
- 지역공동체 조직화 방안(How)

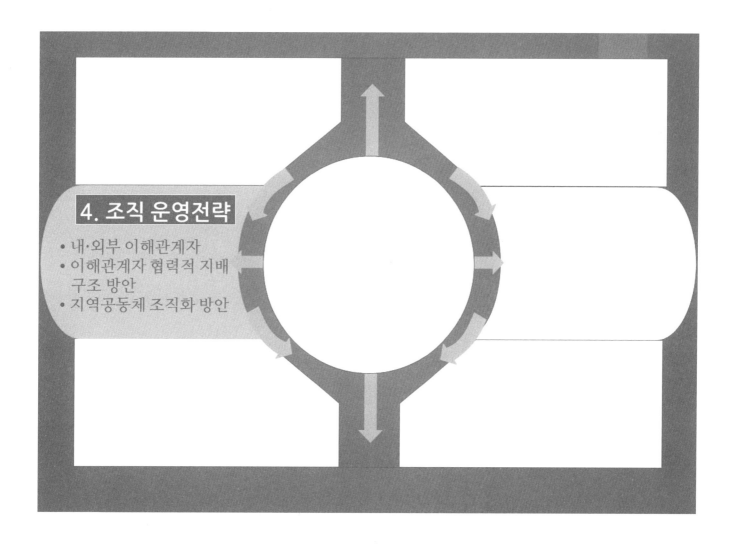

4. 조직 운영전략

• 내·외부 이해관계자
• 이해관계자 협력적 지배
  구조 방안
• 지역공동체 조직화 방안

■ 내·외부 이해관계자(Who)

· 질문

· 조직 내부 및 외부의 이해관계자는 누구인가?

· 답변 작성 방법

'내부 및 외부의 이해관계자'에서 내부 이해관계자는 '직원', '조합원', '주주', '소비자', '지역공동체 주민', '이사회', '소모임', '위원회' 등과 외부 이해관계자는 '수혜자', '구매자', '공급자', '비즈니스 제휴업체', '지역사회 공공기관', '지역사회 사회적경제 기업', '지역사회 단체', '사회적 금융 기관', '투자자', '채권자', '중앙정부 부처', '지방정부 및 지자체', '중간지원조직', '미디어', '언론' 등에서 ❶ 구체적인 명칭'을 기재하고 ❷ 누구인지 설명'합니다.

- **작성 실습**

■ 내·외부 이해관계자(Who)
〈작성〉
〈요약〉

■ 이해관계자 협력적 지배구조 방안(How)

• 질문

· 이해관계자와 협력적 지배구조는 어떻게 할 것인가?

• 용어

〈지배구조, Governance〉란 공통의 사회문제 해결을 위한 사회
적 조정 방법으로써, 소수에 의한 결정이나 보이지 않는 손에
의한 결정보다는 다양한 참여 주체들 간의 상호 신뢰적이고 의
존적인 수평적 관계를 특징으로 대화나 협상, 조정을 통한 타
협이나 동의에 더 큰 가치를 두는 통치 방식 혹은 관리 체계를
말합니다.

• 답변 작성 방법

'❶ 이해관계자 협력적 지배구조 방안'은 이해관계자 경영의
중요한 원리인 '민주적', '공정한', '투명성(정보공유 등)', '윤리
적', '자본보다 노동 중심', '협동과 연대'를 실천할 방법을 작성
합니다.

■ 이해관계자 협력적 지배구조 방안(How)

· 작성 예시

이해관계자 협력적 지배구조 방안(How) 실행 Tip(1): 이사회와 구성원(실무자)

민주적이고 투명하며 공정한 의사 결정과 실행의 출발은 이사회의 구성에서부터 시작됩니다. 의사회로부터 고용 혹은 선출된 최고 경영자나 이사회 의장은 구성원과 함께 좋은 사업을 선정하게 되고 다시 이사회의 조언과 협조를 받아들여 사업이 실행됩니다. 또한 구성원은 그들이 보유한 지식과 기술 위에 내·외부의 다양한 이해관계자와 협력적인 관계 속에서 다양한 의견과 아이디어를 얻고 필요한 자원을 주고받으며 일합니다. 이러한 체계는 조직이 민주적이며 공정한 절차를 갖추고 해당 산업에서 사회적 가치를 실천하면서 영업매출을 포함한 다양한 재원조달을 통하여 지역사회 문제해결의 지속 가능성을 갖출 수 있을 정도로 효과적이며 매력적이 될 것입니다. 조직 구성원의 역량강화를 위한 학습조직을 운영하는 것이 좋습니다. 최고경영자 혹은 의사회 의장은 단순한 명예직이 아니라 탁월한 비즈니스 경험, 조직의 대의에 대한 공감, 건설적이고 협력적인 접근 방식, 자발적으로 조직의 사회적 사명을 증진하기 위한 노력의 의지를 가진 사람을 세워야 합니다.

이사회 구성원은 전문성을 갖추어야 합니다. 이사들은 현재와 미래의 조직에 유용할 전문 지식과 기술에 대해 신중히 생각한 후 구성 또는 모집해야 합니다. 시장과 개인적 연결이 풍부한 사람을 찾는 것도 좋습니다. 어떤 조직은 재무, 사업 개발, 마케팅, 법률 분야를 중심으로 이사회 모집에 중점을 두기도 하며, 어떤 경우는 커뮤니케이션 및 조직 문화적 적합성에 중점을 두고 구성하기도 합니다. 그러나 뛰어난 전문성을 갖춘 이사라고 하더라도 사회적 사명이 흔들리지 않고 내·외부 이해관계자와 공감적이고 협력적인 접근 방식을 갖추고 일할 수 있는지를 반드시 검증해야 합니다.

이해관계자 협력적 지배구조 방안(How) 실행 Tip2(2): 공식 혹은 비공식 협의체 혹은 채널

사회적경제 기업은 주간회의, 월례회의, 대의원회의, 이사회회의, 임시총회 및 정기총회 등의 공식적인 일정과 함께 내·외부 이해관계자와 비공식 대화나 토론을 통하여 기업의 정보를 공개하고 투명하게 경영하여 신뢰와 관계망을 쌓아 가야 합니다. 정례적인 포럼은 공동의 이해를 증진하고 공식적인 문서화를 통하여 이해관계자와의 숙의과정과 토의내용을 공개할 수 있는 유용한 방법입니다. 또한 마을 사람, 시민기자 등이 참여하는 마을 신문이나 마을 방송국을 통한 생활 네트워크를 운영하고 누구든지 자발적인 의견과 건의사항을 말하게 하고 반영할 수 있습니다. 내부적으로는 모든 구성원이 기업 정보에 접근할 수 있는 공유 폴더를 만들거나 핸드북의 형태로 비치하고 기업의 정책이나 정보를 알 수 있도록 합니다. 직원 및 사회적 목표그룹, 외부 이해관계자인 고객 대표와 공급망의 관계자, 경영 전문가를 자문위원회 혹은 운영위원회로 참여시켜 투명하고 민주적인 의사 결정 과정을 구축하도록 합니다. 회계 전문가가 함께 참여하는 감사위원회도 규정합니다.

이해관계자 협력적 지배구조 방안(How) 실행 Tip(3): 사람 중심 경영, 윤리 경영

자본보다는 노동 혹은 사람 중심의 경영을 위하여 조합원 혹은 주주의 투표권, 이윤이나 잉여금의 분배 등을 투입자본이 아닌 다른 기준으로 결정할 수 있도록 정합니다. 즉, 자본은 단지 조직운영을 위한 봉사적 기능으로 그 의미가 제한되고 자본이 아닌 사람을 중심에 둔 인간 복지 증진의 경제, 1회원 1표의 원칙을 둡니다. 사회적 목표그룹의 구성원이 이사회의 이사로 참여하거나 더 나아가 사회적경제 기업의 최고경영자로 활동한다면 이해관계자 경영의 궁극적인 목표에 다가가고 조직 동기부여에도 큰 힘이 됩니다. 윤리적이라는 말은 이해관계자와 밀접하게 관계되어 이들에게 이익을 주거나 해를 줄 수 있는 의사 결정 과정 및 결과에 있어서 도덕적 정서 등의 윤리를 기준으로 하는 판단 또는 그것을 지키려는 경향을 말합니다. 이는 최고경영자의 관심과 함께 실무적인 지침과 편람을 마련하여 실천하고 신고와 보상 제도로 이어질 때 효과를 볼 수 있습니다.

이해관계자 협력적 지배구조 방안(How) 실행 Tip(4): 협동과 연대

사회적경제 비즈니스는 조직 내·외부의 다양한 개인 및 기관과 네트워킹을 통하여 협력하고 부족한 자원과 역량을 교환하면서 상승효과를 볼 필요가 있습니다. 네트워킹은 개인적인 관계에서부터 시작하여 기업이나 조직체 네트워크, 정책 네트워크까지 고려하여 관계하고 신뢰를 쌓아갑니다. 이는 협동과 연대의 출발이자 보다 바람직한 사회를 위해 노력하는 사람들의 힘의 원천이기도 합니다. 지역사회의 연구기관 혹은 대학과 함께 비즈니스가 창출한 사회적 가치와 영향을 측정하여 알리고 사람과 자본을 조달하는 방법을 배웁니다. 매년 재원 및 운영에 관한 재무보고서와 사회적 영향 보고서를 발간하고 내·외부 이해관계자가 볼 수 있도록 합니다. 지방정부 혹은 지자체의 민관 협치 기구에 참여하거나 조직하고 매달 혹은 분기별 지역공동체 구성원, 지역의 시민단체, 사회적경제 및 상업적 비즈니스 조직, 연관된 산하기관, 지역기관 등과 함께 소통하고 발전방안을 교환하면서 지역공동체의 가치를 강조하고 지역공동체 활성화를 뒷받침하거나 발전시킬 수 있는 제도를 마련할 수 있도록 합니다.

• 작성 실습

■ 이해관계자 협력적 지배구조 방안(How)

〈작성〉

〈요약〉

■ 지역공동체 조직화 방안(How)

• 질문

· 지역공동체 조직화는 어떻게 할 것인가?

• 용어

〈지역공동체〉란 일정한 지리적, 물리적 공간을 바탕으로 국가로부터 멀리 떨어진 공동체 구성원의 의식과 생활에 도움이 될 수 있는 사회화 기능의 중간자이며 구성원 상호 간의 의미와 정체성을 중요시하고, 공동체 소속감과 밀접한 유대를 가지고 상호 작용하는 사회적인 조직체입니다.

〈지역공동체 조직화〉란 지역사회 문제를 해결하고 사회혁신을 이루기 위하여 지역공동체 구성원들이 함께 뭉쳐 계획하고 행동하는 사회적 가치 창출의 전 과정을 말합니다.

• 답변 작성 방법

'❶ 지역공동체 조직화 방안'은 공동체 조직화의 발전단계에 따라 '공동체 구성원 만남', '공동체 의견 수렴', '공동체 의제 공유', '솔선수범', '공동체 구성원과 이해관계자 간 의견 조율', '구성원과 함께 조직 구축', '공동체 조직 개발', '구성원과 성과 공유', '구성원에게 권한위임', '공동체 조직화를 위한 자기역량 강화', '네트워킹을 통한 공동체 자원 및 정보 획득' 등의 내용을 참고하여 그 내용을 작성합니다.

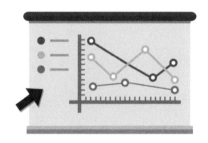

■ 지역공동체 조직화 방안(How)

• 작성 예시

지역공동체 조직화 방안(How)의 발전단계(1): 알린스키의 지역공동체 조직화

알린스키는 지역공동체 조직화의 요소로, 첫째, 세상을 바꾸거나 변화에 저항하는 언제나 작동하는 본질적인 생명력으로써 '공동체 구성원이라는 힘(Power)', 둘째, 지역공동체 안에 존재하는 사회단체, 운동동호회, 문화센터, 사업자그룹, 공공 유관기관 등과 관계를 형성하고 지원을 얻기 위한 '다양한 조직(Organization)', 셋째, 공동의 경제관계, 서비스의 공동사용, 그리고 이것을 해결해 나가기 위한 '이해관계자 차원의 공동체(Community)', 넷째, 공동체 구성원에 대한 무한한 애정을 가지고 그들이 경험한 세계를 이해하며 관계와 혁신을 촉발하고 변화에 헌신하는 사람으로서 '활동가[원문에는 조직가(Organizer)]'를 꼽고 있습니다. 알린스키의 지역공동체 조직화 단계는 "① 활동가 또는 지역조직이 지역에 대한 정보를 파악한다. → ② 지역사회 정보를 토대로 주민들과 만나면서 지역사회 문제를 발굴해 나간다. → ③ 지역사회 문제에 공감하고 해결해 나가고자 하는 사람들을 모은다. → ④ 일차적 조직을 만들고 문제를 해결해 나간다. → ⑤ 지속적으로 지역사회 문제 해결 과제를 찾고 해결해 가면서 더 큰 지역공동체를 형성한다."로 이루어집니다.

지역공동체 조직화 방안(How)의 발전단계(2): 가와하리 스스무의 지역공동체 조직화

가와하리 스스무는 지역공동체 조직화의 단계를 '미션공유단계', '사업형성단계', '설계건설단계', '사업집행단계'로 구분하여 제시하고 있습니다. 미션공유단계는 지역공동체 활성화의 토양이 되는 단계로서 지역공동체의 해결과제와 해결목표를 설정하고 행동계획을 마련하는 세 가지 미션(해결과제, 해결목표, 해결방법)을 수립하고 결정하는 단계입니다. '사업형성단계'는 사업계획을 수립하고 사업체를 조직하며, 사업의 위험을 줄일 방법을 모색하는 단계이며, '설계건설단계'는 중간지원조직의 협력을 확보하고 재원을 마련하는 단계이며, '사업집행단계'는 실제 계획에 따라 사업을 진행하고 관리하는 단계입니다. 사업 운영 소식을 공유하며 지역공동체는 점점 더 많은 구성원이 참여하고 관계는 견고해지며 사업은 확장됩니다.

지역공동체 조직화 방안(How)의 발전단계(3): 생애주기 관점의 지역공동체 조직화 단계

생애주기 관점의 지역공동체 조직화 단계는 '태동기', '형성기', '발전기', '정착기'로 구분하여 설명합니다. 첫째, '공동체 태동기'는 식물에서 싹이 돋는 맹아기처럼 기지개를 켜는 시기입니다. "우리 동네에서도 새로운 활동을 추진하자!"라는 공감대를 형성하는 시기이며 지역공동체 조직화의 출발점으로서 매우 중요합니다. 이 단계에서는 구성원 간에 상호 작용의 필요성을 인지하고 내부와 외부의 이해관계자 네트워크가 형성되며 구성원 간에 문제 해결 의제와 사회적 사명을 공유함으로써 지역공동체 조직화가 꼭 필요하다는 공감대를 형성합니다. 둘째, '공동체 형성기'는 공동체의 명칭을 만들고 조직을 구성하며 사업계획과 자금 운영 계획을 수립하고 실행하는 단계입니다. 이 시기에는 공동체의 성장계획이 확정되며 내부와 외부 이해관계자의 활동이 이전보다 더 구조화됩니다. 공동체 미션을 같이 계획하고 실행하게 되므로 무엇보다도 공동체의 가치가 현실적으로 보이고 공유되며 확산이 일어납니다. 셋째, '공동체 발전기'에는 내부와 외부 이해관계자를 중심으로 더 많은 주변 사람들에게 알려지고 주변 환경과도 적극적으로 상호작용을 하며 공동체의 정체성이 더욱 명확해지는 과정입니다. 이 시기에 가장 중요한 것은 '공동체 발전기' 초기의 정부 지원과 의존에서 반드시 벗어나서 독립적인 운영과 순환이 가능하게 해야 한다는 것입니다. 이때는 정부의 자금 혹은 지원 제도를 이용하는 경우라도 내부의 의사 결정 체계를 가지고 객관적인 판단을 할 필요가 있습니다. 지역공동체 구성원 간에 조직 가치에 대한 공감과 연대가 명확해지고 공동체의 내적 상호 작용과 규모가 명확히 정립되는 것이 특징입니다. 넷째, '공동체 정착기'는 공동체가 구조적인 체계와 조직 운영이 더욱 견고해지고 다른 방향으로 이탈하기 어려운 시기입니다. 아울러 체계와 운영 경로가 더욱 공고화되는 과정이기도 합니다. 이 시기에는 공동체 구성원의 동기가 약해질 수 있으므로 이러한 동인을 파악하여 재충전하고 다시 활기를 찾는 것이 필요합니다. 정착기의 평가 기준은 지속 가능한 자생적 운영과 발전이며 사회적 영향의 확대 혹은 재생산, 구성원 간의 신뢰 공고화, 더 나아가 정착된 구조와 운영 방식을 다른 지역으로 확산하는 시기이기도 합니다.

• 작성 실습

■ 지역공동체 조직화 방안(How)

〈작성〉

〈요약〉

범주 5 작성가이드

5. 사업 운영전략

사회자본은 정보, 영향력(힘) 및 연대의 원천입니다. 호혜성을 바탕으로 일어나는 사람과 사람 사이의 협력과 사회적인 거래를 촉진하는 신뢰와 규범 등 지역공동체 구성원들이 힘을 합쳐 공동의 목표를 향해 효율적으로 움직일 수 있도록 하는 일체의 사회적 자산을 말합니다.

해결과제

- 핵심활동 구매자(Who)
- 사회적 경영차별화 방안(How)
- 네트워킹 원천(Who)
- 네트워킹 분야(What)
- 사회적 마케팅 방안(How)

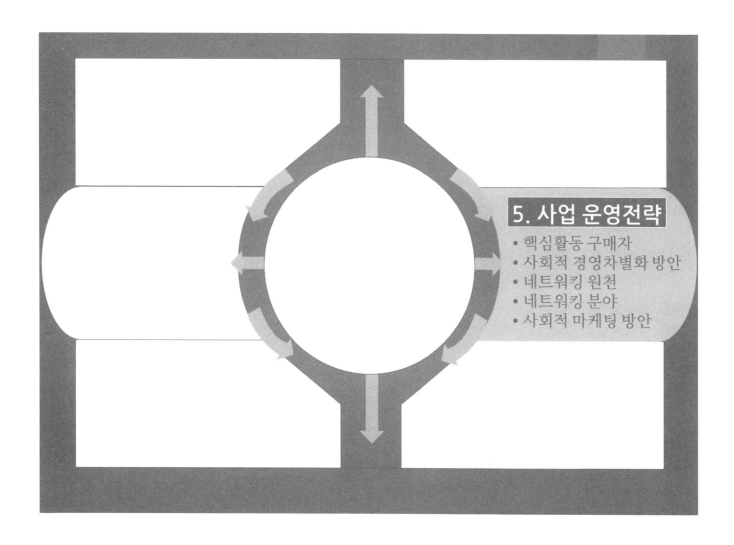

5. 사업 운영전략
• 핵심활동 구매자
• 사회적 경영차별화 방안
• 네트워킹 원천
• 네트워킹 분야
• 사회적 마케팅 방안

■ 핵심활동 구매자(Who)

• 질문

· 핵심활동의 구매자(개인 · 조직체 · 정부)는 누구인가?

• 답변 작성 방법

'핵심활동의 구매자'는 '개인고객', '조직체고객', '정부고객'으로 나누어 작성합니다. 개인고객은 윤리적 소비자, 조합원 소비자, 지역공동체 소비자, 사회적 목표그룹 소비자, 시장의 일반 소비자 등으로, 조직체고객은 시장의 기업 및 단체, 사회적 목적에 동의하는 구매조직 등으로, 정부고객은 직접사용을 위한 공공구매, 사회적 목표그룹의 소비연계를 위한 구매 등으로 구분하고 '❶ 고객 구분별 구체적인 고객명칭과 각 고객 구분의 구매 비율'을 작성합니다.

그리고 이를 다시 대체로 '제품과 서비스의 효익을 보고 구매하는 시장(Product Benefit Market, PBM)의 고객'과 '사회적경제 기업이 추구하는 사회적 가치를 보고 구매하는 시장(Social Value Market, SVM)의 고객'으로 구분하여 '❷ 구매 동기별 구체

적인 고객명칭과 각 구분의 구매비율'을 작성합니다.

• 작성 실습

■ 핵심활동 구매자(Who)

〈작성〉

〈요약〉

■ 사회적 경영차별화 방안(How)

• 질문

· 사회적 경영차별화 방안은 무엇인가?

• 용어

〈패러스킬링, Paraskilling〉이란 제품의 생산이나 교육 서비스 등과 같이 숙련된 공정과 서비스가 필요할 때 숙련 근로자의 전문적인 부분과 비숙련 근로자가 쉽게 완료할 수 있는 단순화된 작업으로 분해하여 보조 기능화하고 분담함으로써 전체적으로 생산성과 품질 측면에서 개선 또는 혁신적인 성과를 보려는 경영전략을 말합니다.

〈사회적 경영차별화〉란 이윤의 극대화를 위한 차별화가 아니라 '패러스킬링', '유통망 공유', '상업적 노동수요 연계' 등과 같이 사회적 요구의 대응에서 나오는 전략 실행 방법을 말합니다. 조직이 지향하는 사회(공동체)(적), 경제적, 환경적인 가치의 기준과 사회적 목표그룹 혹은 지역공동체의 사회적인 요구에 따라서 상업적 기업의 차별화 전략을 사회적경제 기업의 사회적 요구에 맞도록 차용한 전략의 개념을 말합니다.

• 답변 작성 방법

사회적 목표그룹이 소비하는 비즈니스 모델의 경우, 패러스킬링 이외에도 '소유보다는 사용료 지급방식', '핵심에 집중하기', '유통망 공유' 등과 같이 '❶ 저비용 운용구조를 갖추기 위한 사회적 경영차별화 방안'을 작성합니다.

사회적 목표그룹이 생산에 참여하는 비즈니스 모델의 경우, 패러스킬링 이외에도 '생산 전에 판매하기', '직거래', '상업적 노동수요 연계' 등과 같이 '❶ 생산 품질과 판매 효율 및 시장 참여를 높이기 위한 사회적 경영차별화 방안'을 작성합니다.

■ 사회적 경영차별화 방안(How)

• 작성 예시

**사업주제: 대량생산의 분업원리로 안과수술 작업의 표준화 및 분업화를 이루고
빈곤층의 수술을 무료로 제공하는 비즈니스**

우리(아라빈드 안과병원)는 외부 자원에 의존하지 않고 빈곤층 안과 수술을 무료로 제공하는 자선병원 운영의 사회적 사명을 목표로 하고 있기 때문에 극단적인 비용절감의 도전과제를 안고 있었다. 우리는 이를 해결하기 위하여 대량생산 방식의 분업원리를 병원 운영에 적용하였다. 부가가치가 높은 의사의 활용도를 높이기 위해 의사는 초기검진, 최종진단, 수술에만 관여하고 나머지 서비스는 모두 저렴한 인건비의 보조 인력이 담당하는 '패러스킬링(paraskilling) 정책'을 실행하였다. 그리고 간호사 4인, 의사 1인이 한 조가 되어 수술침대 두 개를 두고 번갈아가면서 수술을 계속하는 맥도널드형 수술 시스템도 도입하였다. 그 결과 안과 수술의 높은 품질은 유지하면서 의사 1인당 수술 건수가 연간 2400건에 이른다. 이는 일반 안과병원의 6배에 이른다. 또한 개당 100달러 정도 되는 인공수정체의 비용부담을 줄이기 위해 연구소를 설립하고 직접 인공수정체 개발 및 생산에 나섰다. 이를 통하여 우리는 개당 2~3달러 정도의 저렴한 가격으로 인공 수정체를 확보할 수 있게 되었고, 오로랩은 저가시장을 상대로 비즈니스를 확장하여 현재 세계 3위의 인공 수정체 생산업체로 성장하였다. 이처럼 우리 병원은 운영시스템의 혁신, 인공수정체 자체개발 등의 가치사슬 혁신에 성공하여 자선병원의 경제적 도전과제인 극단적인 비용절감을 실현하고 있다.

사업주제: 사회적 경영차별화 방안을 이룬 국내·외 사회적경제 비즈니스의 다른 사례

우리(동천모자)는 정신지체 장애인에게 일자리를 제공하고 모자를 전문으로 생산하는 기업을 운영한다. 우리는 생산성 저하라는 약점을 극복하기 위해 전문 디자이너를 고용하여 고급스러운 모자를 디자인하고 꼼꼼한 성격을 가진 장애인은 생산에 집중함으로써 제품의 높은 품질을 유지하면서 일류 업체에 모자를 납품할 수 있게 되었다. 정신지체 장애인이 생산에 참여하기 때문에 나타날 수 있는 생산성 문제를 단순하게 쪼개진 분업원리를 도입하여 해결하고 전문 디자이너의 고급 디자인으로 혁신함으로써 새로운 경영차별화의 원천을 찾아 해결하고 일반시장에서 새로운 기업고객을 개척한 것이다.

우리(지안살라)는 인도에서 빈곤층 아이들에게 저렴한 교육서비스를 제공한다. 우리의 교육시스템은 교사자격증이 있는 선임 교사는 부가가치가 높은 프로그램 개발과 강사교육에 전념하고, 아이들을 가르치는 교사는 고졸 출신의 마을 주민을 주니어 교사로 담당하게 하였다. 이를 통하여 교육비를 절감하면서도 양질의 교육서비스를 제공하는 전략을 통하여 탁월한 교육성과를 이루었다. 우리는 다양한 교육 전문가와 세계의 모범 사례를 배웠으며 학교조직을 디자인 관리팀, 선임 교사와 주니어 교사로 구분된 약 1200명의 팀을 조직하였다. 우리는 2015년 현재 4개 주의 9개 도시 빈민가에 있는 약 3만 5000명의 어린이를 대상으로 수업을 진행하고 있다. 우리의 사업모델은 사립학교 대비 30% 정도의 저렴한 비용 구조로 학교를 운영할 수 있게 해 주었다. 우리의 수업은 빈민가에서 진행되지만 전체 수업, 소그룹 활동, 일일 워크북, 자가 학습 시스템 등을 통하여 최고의 교육성과를 나타내고 있다.

- **작성 실습**

■ 사회적 경영차별화 방안(How)

〈설명〉

〈요약〉

■ 네트워킹 원천(Who) 및 분야(What)

· 질문

· 부족한 자원 및 역량 조달의 네트워킹 원천은 누구인가?
· 부족한 자원 및 역량 조달의 네트워킹 분야는 무엇인가?

· 용어

〈네트워킹, Networking〉이란 사회적경제 조직의 내·외부에서 개인, 조직 및 단체, 정부기관 등 네트워크 행위자들과 신뢰관계 및 사회자본을 형성하고 이를 통하여 지역공동체 구성원들이 공동의 목표를 향해 효율적인 힘을 발휘하여 궁극적으로는 사회적경제 기업이 사회적 성과를 달성하게 하는 목표지향적인 경영활동을 말합니다.

〈경영활동의 가치사슬〉이란 기업의 경영활동이 여러 가지의 일과 그 일을 처리하는 절차와 그것을 수행하는 사람들로 연결되어 있는 구조를 이르는 말입니다. 경영활동의 가치사슬은 제품과 서비스를 생산하고 제공하는 본원적인 활동인 "(원)재료구매, 물류, 생산, 마케팅, 영업, 서비스 등"과 "시설 및 장비 구매,

기물 및 집기 구매, 인적자원 관리, 기술개발, 전산정보, 회계관리 등"의 지원활동으로 구분할 수 있습니다.

· 답변 작성 방법

'❶ 네트워킹 원천'은 개인, 조직 및 단체, 정부기관으로 구분하여 네트워크 행위자들의 명칭을 작성합니다. '❷ 네트워킹 분야'는 네트워킹 원천별 '경영활동의 가치사슬'과 '사회적 정체성' 분야로 나누어 세부 분야의 내용을 작성합니다.

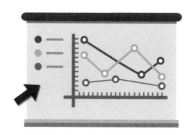

■ 네트워킹 원천(Who) 및 분야(What)

• 작성 예시

네트워킹 유형 및 원천: 사회적경제 기업의 개인, 조직 및 단체, 정부기관 네트워킹 유형 및 원천

구분	중분류	원천
개인 네트워크	비공식 개인네트워크	가족, 친지, 친구, 지역주민, 동문, 동호회
	공식 개인네트워크	수혜자, 개인 고객, 구성원, 조합원, 주주, 활동가, 멘토, 컨설턴트, 회계사, 변호사, 법조인, 임팩트 투자자, 교수, 연구자
조직체 네트워크	상업적 기업 및 단체 네트워크	공급자, 기업 또는 단체 구매자, 지역 기업, 경쟁 기업, 기타 기업, 상업적 벤처캐피탈 및 금융기관
	사회적 목적 기업 및 단체 네트워크	수혜자 단체, 자선 단체, 지역 단체, 사회적 목적 기업, 비영리 기관, 사회적경제 연합체(회), 자선적 벤처캐피탈 및 사회적 금융기관
정책 네트워크	중앙 및 광역 또는 기초 지자체 네트워크	중앙정부, 광역 지자체 또는 시·군·구, 주민자체센터 등 기초 지자체
	중간지원기관 네트워크	중앙정부, 광역지자체, 시·군·구 등 기초 지자체 지정 중간지원기관, 시민사회 설립·사회적기업가 혹은 사회적경제 기업 설립·사회적 책임기업 설립 중간지원기관

네트워킹 분야: 네트워킹의 발전단계 및 네트워킹 분야의 예시

사회적경제 기업은 열악한 여건을 극복하기 위해 사회적인 인식을 확대시키거나 사업 추진의 협력적 관계 형성을 위해 인적 · 사회적 네트워크의 기반이 되는 학연, 지연, 사회적 친분 등을 중요한 요인으로 여기며 지역사회의 사회단체 및 산업 조직과 연결된 호의적인 관계를 유지해야 합니다. 이것은 네트워크의 조력, 지역주민의 설득 및 계몽, 인근지역 기업과의 호의적인 관계, 정부 및 지자체와의 호의적인 관계, 지역 금융기관과의 호의적인 관계를 포함합니다.

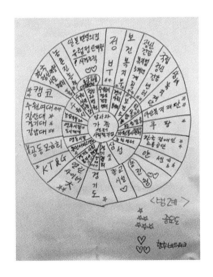

왼쪽의 그림은 정신장애의 어려움이 있는 사람들의 회복을 지원하고 내 · 외부 이해관계자와 연대하여 직업서비스 및 지역사회 내 주거환경 마련을 통해 자립의 기회를 만들어 가는 정신재활센터의 네트워킹 지도입니다. 사회적경제 기업을 막 시작했거나 성장 초기에는 사회적기업가가 기존에 보유하고 있는 개인 네트워크를 중심으로 조직의 사회적 정체성에 대해 정보를 교환하고 상호 간 자원 교환 통로를 제공합니다. 성장기로 접어들면서 사회적 정체성 중심의 네트워킹이 계산적 네트워킹으로 이동하기 쉽고, 사회적 약속 또는 관계 중심에서 경제적 교환 또는 수단을 중심으로 변할 여지가 높습니다. 종종 네트워킹의 응집력은 떨어지면서 네트워킹의 구조에 구멍이 생기기도 합니다. 이는 네트워킹이 진화하고 외부 자원의 필요가 줄어들면서 나타난 현상으로 볼 수 있으며, 의도적인 네트워킹 활동이 필요한 시기이기도 합니다. 이 시기에는 특히 초창기에 필요한 자원을 확보하고 사업화에 집중하면서 조직의 사회적 정체성과 관련된 가치를 놓치고 갈 수 있으므로 주의해야 합니다. '사회적 네트워킹'이 없다면 기업은 비스니스 관계를 구축할 수 없습니다.

사회적 네트워킹 기반 위에 경영의 가치사슬 요소 중에서 자원 및 역량이 부족한 분야를 중심으로 비스니스 네트워킹을 진화합니다. 관련 분야에서 기술, 금융, 노하우를 보유한 기업이 네트워킹의 중심 행위자 역할을 하는데 이러한 네트워킹은 특히, 기술을 기반으로 발전합니다. 이 단계에서 기존 참여자는 제한된 행위자와 관계를 맺고, 신규 행위자는 네트워킹에 참여하기 어려워지며, 신규 참여자는 기존 행위자의 추천을 통하여 참여하거나 응집력이 떨어져서 구멍이 생긴 부분에서 역할을 함으로써 네트워킹에 참여할 기회를 갖게 됩니다. 이러한 네트워킹의 예로는 중요한 정보나 채널을 상대방에게 제공하면서 평판과 신뢰를 얻을 수 있는 상대 기업의 파트너가 되어 명성을 얻는 '평판적 네트워킹', 고객을 잃는 등의 손해를 입지 않으면서 일을 다른 경쟁 기업에 맡기거나 컨소시엄 혹은 하청계약 형태로 협동하는 '공동작업 네트워킹', 마케팅 정보를 공유하거나 더 나아가 공동 고객관리와 같은 방식으로 진행하는 '마케팅 네트워킹', 가지고 있는 지식, 기술 및 노하우 등 외부에 공개하기 어려운 자원을 공유하고 협력하는 '노하우 공유 네트워킹' 등이 있습니다.

• 작성 실습

■ 네트워킹 원천(Who) 및 분야(What)

〈작성〉

〈요약〉

■ 사회적 마케팅 방안(How)

• 질문
· 사회적 마케팅 방안은 무엇인가?

• 용어
〈사회적 마케팅, Social Marketing〉이란 사람과 조직의 생각과 행동을 사회적 가치에 두고 변화하도록 하거나 유지할 목적으로 추진되는 사업의 환경 조사, 제품 또는 서비스의 개발 및 생산, 제품 또는 서비스의 가격 및 유통 방법, 사람, 조직 또는 정책과의 연대 및 연계, 촉진 전략의 수립 및 실행으로 이어지는 일련의 구조화된 경영활동 과정을 말합니다.

• 답변 작성 방법
'사회적 마케팅 방안'은 유통방법, 사람, 조직 또는 정책과의 연대 및 연계, 촉진 전략의 수립 및 실행을 중심으로 앞에서 기재한 '핵심활동의 구매자'에게 실행할 사회적 마케팅 방안을 '대면영업', '유통채널에 납품 혹은 입점', '지역기관 및 사회단체 구매 제안', '상업적 기업 구매 제안', '유관기관 구매 제안', '공공시장 조달 참가', '옹호 및 사회적 동원', '광고', '홍보', '입소문 뉴미디어 전략', '다양한 판매촉진' 등의 방법을 참고하여 구체적인 명칭 혹은 내용을 '❶ 핵심활동 구매자 모두에게 해당하는 방법'과 '❷ 각각의 구매자에게 해당하는 방법'을 구분하여 기재합니다.

■ 사회적 마케팅 방안(How)

• 작성 예시

사회적 마케팅 방안(How) 실행 Tip(1): 온라인 미디어를 통한 구전 커뮤니케이션

구글과 같은 검색엔진은 개인에게 필요한 정보를 맞춤식으로 제공해 주고 있으며, 트위터, 페이스북 또는 인스타그램과 같은 소셜 네트워크서비스(Social Network Service, SNS), 아마존과 같은 소셜커머스(Social Commerce), 유튜브와 같은 동영상 공유(Social Streaming) 채널 등 각종 온라인 미디어들이 정보 특성에 따라 고객 맞춤식으로 활발하게 운영 또는 개발되고 있습니다. 여기에 어느 곳에서든지 인터넷이 접속되는 모바일 기기 등이 광범위하게 확산되면서 뉴미디어 활용 전략은 폭발적으로 증가하고 있습니다.

사회적 마케팅 방안(How) 실행 Tip(2): 다양한 판매촉진 방법

판매촉진이란 광고, 홍보, 영업 등의 촉진 전략을 제외한 다양한 모든 방법을 포괄하여 지칭하는데, 여기에는 벼룩시장 참가, 캠페인 활동, 사회공헌 게임, 이벤트 행사, 전단지 배포, 지역사회 봉사활동, 박람회 참가, 라이브 커머스, 인터렉티브 광고 등 여러 가지 아이디어를 생각해 볼 수 있습니다. 판매촉진은 구매시점에 있는 고객에게 구매 정보를 제공하고 자극하는 데 효과적으로 사용됩니다. 전략적 제휴, 판촉물 증정, 사업설명회, 콘테스트, 샘플링, 거리시음 및 시연, 피오피(Point Of Purchase: 구매시점 고객의 구매자극을 위한 소개포스터 및 안내 광고물) 거치 혹은 부착도 판매촉진의 방법들입니다.

■ 사회적 마케팅 방안(How)

· 작성 예시

사회적 마케팅 방안(How) 실행 Tip(3): 판매촉진 아이디어 사회공헌 게임

사회공헌 게임은 게임화 기법을 기업의 사회공헌 활동에 적용시킨 것으로, 기업의 사회공헌 활동에 소비자의 능동적인 참여를 유도하면서 동시에 기업의 이미지를 높이는 방법입니다. 사회적경제 기업 트리플래닛(treepla.net)은 스마트폰 게임을 기부와 연결했습니다. 게임 참가자는 씨앗을 심고 물과 비료를 지속해서 주면서 나무를 키우는데 여기에 기업은 광고하고 참가자들이 실제 몽골 사막과 한국 비무장지대에 나무를 심을 수 있도록 후원하여 기부하는 방식으로 진행됩니다. 참가자는 현장에서 식목하는 과정에도 동참할 수 있는데 30만 명 이상이 이 게임에 참여했습니다. 사회공헌 게임은 재미있는 상황들을 통하여 친환경 및 친사회적 행동습관을 끌어내어 가벼운 다양한 캠페인을 진행하는 경우에도 성공적인 마케팅 효과를 볼 수 있습니다. 재미있는 상황이라고 한다면 예를 들어 지하철 계단을 전자피아노 계단으로 바꿔 에스컬레이터가 아닌 계단을 이용하게 하거나 빈 병 수거함에 게임을 접목해 재활용 습관을 늘리도록 하는 방식 등이 그것입니다. 이러한 판매촉진 아이디어는 모두 고객으로부터 얻을 수 있습니다.

사회적 마케팅 방안(How) 실행 Tip(4): 옹호와 동원

옹호(Advocacy)는 사실 관계, 미디어 캠페인, 대중 연설, 시범 운영, 연구 출판 활동 및 로비(lobby) 등의 개인 또는 조직 활동을 통해 정치, 경제 및 사회적 체계와 제도권 내의 의사 결정에 영향을 미치도록 하는 일로써 특권그룹에 대한 치우침을 바로잡고 일반 대중 혹은 소외된 그룹에게 통합적으로 이익이 돌아가도록 행동하는 일을 말합니다. 동원은 주체적인 입장에서 사회적 목표그룹을 포함한 이해관계자들이 자신들에게 부닥친 불합리한 상황에 대한 즉각적인 반응 등 스스로 행동하도록 하는 역량강화의 과정이자 사회문제의 변화를 요구하는 일에 참여토록 하는 일을 말합니다.

■ 사회적 마케팅 방안(How)

· 작성 예시

사회적 마케팅 방안(How) 실행 Tip(5): 사회적경제 공공시장 조달에 수의계약 혹은 입찰참가

사회적경제 공공시장은 국가 및 지방자치단체 등의 공공기관이 필요로 하는 물품과 서비스 등을 조달하는 과정에서 사회(공동체)(적) 가치, 고용 등의 경제적 가치 및 환경적 가치가 반영될 수 있도록 사회적경제 기업의 물품과 서비스를 우선 구매하도록 형성된 시장을 말합니다. 조달하는 방법은 수의계약 방식 혹은 제한경쟁입찰 방식으로 진행합니다. 중앙정부와 지자체는 이처럼 공공조달의 사회적 책임성을 높이기 위한 정책을 확대하고, 제도와 조례를 마련하고 있습니다. 법률적인 근거는 '사회적기업 육성법 제12조 제1항' 및 고용노동부 '사회적기업 제품 우선구매 지침'과 '협동조합기본법 제95조의 2(공공기관의 우선구매)' 및 '동법 시행령 제26조'를 들 수 있습니다. 2021년 12월말 기준으로 사회적기업 우선구매 실적은 연간 1조 6225억 원이며, 사회적협동조합 우선구매 실적은 2020년 말 기준 연간 약 2656억 원에 이릅니다. 서울시의 경우에도 2016년부터 2020년까지 5년간 전국에 있는 사회적경제 기업과 7386억 원의 거래를 진행한 것으로 나타났습니다.

• 작성 실습

■ 사회적 마케팅 방안(How)

〈작성〉

〈요약〉

6. 사업적 재원조달

사회적경제 기업은 사회적 목표를 달성하는 동시에 경영활동으로 소요되는 전체 비용을 회수해야 지속적으로 유지할 수 있습니다. 그리고 투자자는 배당을 목적으로 투자하지는 않지만 그들이 원하면 투자금도 돌려줘야 합니다. 따라서 사회적경제 기업은 전체 운영비용을 감당할 수 있도록 영업을 통한 매출 또는 다양한 방식으로, 추구하는 사회적 가치와 치환되는 자금을 조달할 수 있어야 합니다.

해결과제

- 초기자본 및 운영비용(What, How much)
- 초기자본 및 운영비용 조달방안(How)
- 단위기간 손익구조(What, How much)

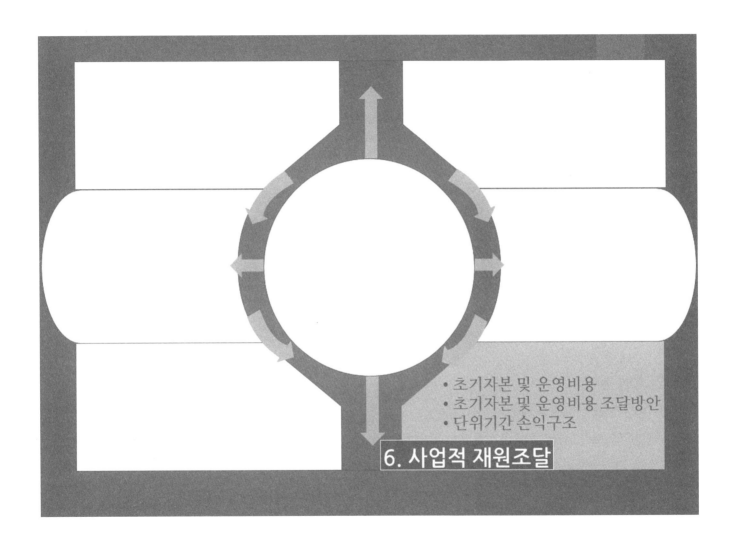

- 초기자본 및 운영비용
- 초기자본 및 운영비용 조달방안
- 단위기간 손익구조

6. 사업적 재원조달

■ 초기자본 및 운영비용(What, How much)

• 질문

· 초기자본에 소요되는 비용은 무엇이며 얼마인가?
· 단위기간에 소요되는 운영비는 무엇이며 얼마인가?

• 용어

〈대용치, Proxy〉란 사회적경제 기업이 무상으로 제공받은 물품과 용역, 창출한 비화폐적인 사회적 성과 및 영향을 사회적경제 기업과 동일하거나 유사한 조건을 가진 준거시장에서의 가격 혹은 비용으로 화폐가치화할 때 추정하는 적절한 비교가격의 기준 값을 말합니다.

• 답변 작성 방법

❶ 초기자본에 소요되는 비용'은 예측용인 경우에 작성합니다. '개발 비용(인건비 포함)', '공간 비용(온라인 또는 오프라인)', '시설 및 장비, 기물 및 집기 비용', '무상으로 제공 받는 물품 및 용역의 화폐가치화 금액'으로 구분하여 작성합니다.

'❷ 단위기간에 소요되는 운영비'는 단위기간 동안에 소요되는 '원가', '인건비', '일반관리비', '광고선전비', '이자', '무상으로 제공 받는 물품 및 용역의 화폐가치화 금액'으로 구분하여 작성합니다.

• 작성 실습

■ 초기자본 및 운영비용(What, How much)			
구분	**항목**	**산출근거**	**금액(원)**
초기 투입자본 구분	개발 비용		
	공간 비용(온라인 및 오프라인)		
	장비 및 집기 등의 비용		
	비화폐적 투입비용 (화폐가치화) 물품		
	비화폐적 투입비용 (화폐가치화) 사람		
	소계	-	
사업 운영비용 구분	원가		
	인건비(복리후생비 등 포함)		
	일반관리비(임차료 등 포함)		
	광고 선전비		
	이자(대출에 따른)		
	기타		
	비화폐적 운영비용 (화폐가치화) 물품		
	비화폐적 운영비용 (화폐가치화) 사람		
	소계		
합계	-	-	

■ 초기자본 및 운영비용 조달방안(How)

· 질문

· 초기비용 및 운영비용은 어떻게 조달할 것인가?

· 답변 작성 방법

'❶ 초기비용 및 운영비용 조달방법'은 'PBM 매출', 'SVM 매출', '기부금 또는 보조금', '공공서비스 제공 사업 위탁 계약금', '상업적 기업의 사회적 책임활동 협력 사업비', '조합원 출자금 또는 회비', '사회적 영향 투자 조달 부채 혹은 자본' 등의 방법 중에서 해당되는 항목의 고객 혹은 제공 기관의 명칭, 내용, 금액과 초기비용 및 운영비용의 사용항목을 작성합니다.

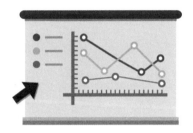

- **작성 실습**

■ 초기자본 및 운영비용 조달방안(How)				
구분	**구매자 혹은 제공자 명칭**	**내용**	**금액**	**사용항목**
PBM 매출				
SVM 매출				
기부금 또는 보조금				
공공사업 위탁 계약금				
상업적 기업 협력 사업비				
조합원 출자금 또는 회비				
사회적 영향 투자 부채 혹은 자본				
합계	-	-		-

■ 단위기간 손익구조(What, How much)

• 질문

· 단위기간의 재무적인 손익구조는 어떻게 나타날 것인가?

• 답변 작성 방법

'❶ 단위기간의 재무적인 손익구조'는 초기비용 및 운영비용 조달의 수입과 초기자본에 소요되는 비용 및 단위기간에 소요되는 운영비의 지출을 정리하여 작성합니다. 화폐가치화한 비화폐적 투입비용과 운영비용은 제외합니다.

• 작성 실습

■ 단위기간 손익구조(What, How much)			
구분	**항목**	**산출근거**	**금액(원)**
수입	PBM 매출+SVM 매출		
	기부금		
	보조금+공공사업 위탁 계약금		
	상업적 기업 협력 사업비		
	조합원 출자금 또는 회비		
	사회적 영향 투자 부채 혹은 자본		
	수입 소계		
지출 / 초기 투입자본	개발 비용		
	공간 비용(온라인 및 오프라인)		
	장비 및 집기 등의 비용		
지출 / 사업 운영비용	원가		
	인건비(복리후생비 등 포함)		
	일반관리비(임차료 등 포함)		
	광고 선전비		
	이자(대출에 따른)		
	기타		
	지출소계		
	수입-지출		

범주 7 작성가이드

7. 사회적 성과달성

사회적경제 기업이 사회적 성과를 측정함에 있어서 논리모델(Logical Model)이란 "투입자원(Inputs) → 사업활동(Activities) → 산출물(Outputs) → 성과물(Outcomes) → 영향(Impacts)"의 논리적인 과정을 통하여 분석하고 측정 및 관리하는 절차 또는 그 방법을 말합니다.

해결과제

- 비즈니스 활동의 산출물(What, How many)
- 사회적 성과(What, How much)
- 사회적 영향(What, How much)
- 사회적 영향 확장 방안(Where, How)

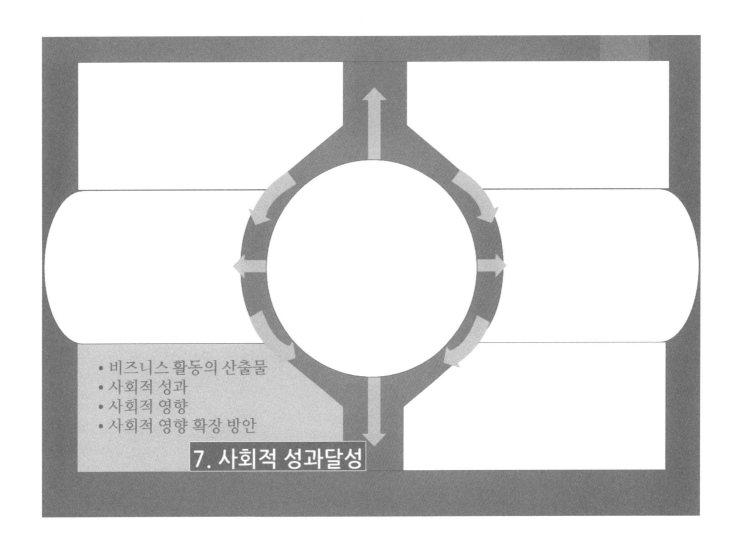

- 비즈니스 활동의 산출물
- 사회적 성과
- 사회적 영향
- 사회적 영향 확장 방안

7. 사회적 성과달성

■ 비즈니스 활동의 산출물(What, How many)

• 질문

· 비즈니스 활동으로 제공되는 산출물은 무엇이고 얼마인가?

• 답변 작성 방법

'❶ 비즈니스 활동으로 제공되는 산출물'은 단위기간 동안에 사업을 통하여 제공한 산출물의 수량에 대하여 사회적 목표그룹 및 지역공동체에 제공된 '제품 또는 서비스의 수량', '일자리의 숫자', '제품 또는 서비스의 판매량 및 매출액', '가난을 극복한 가구 수 또는 인원', '환경이 보존된 지역 수 혹은 숲의 면적', '범죄 감소 건수 혹은 감소율' 등과 같이 직접적인 수량으로 작성합니다.

■ 비즈니스 활동의 산출물(What, How many)

• 작성 예시

사업주제: 정신장애인도 동등한 사회적 존엄성과 환경 속에서
만족스러운 삶을 누리도록 제공하는 노동통합 사회적 비즈니스

우리(논첼로)는 2018년 현재 의결권을 가진 조합원은 537명이며 투표권은 대의원 41명을 포함하여 총 126명이 가지고 있다. 조합원을 포함하여 약 650명에게 일자리를 제공하고 있으며 이 중에서 직장에 배치된 자는 141명에 달한다. 전체 일자리 중에서 사회적 약자 근로자의 비율은 약 40% 이른다. CEO를 포함하여 실무자 68명과 이사회 11명, 감독기관 2명, 법정 감사원 4명으로 구성된 조직구조로 운영하고 있다.

사업주제: 태양광 시스템을 개발하여 가장 저렴하면서도
신뢰할 수 있는 조명 및 전력을 저개발국가에 제공하는 비즈니스

우리(디라이트)는 전 세계적으로 20억 명이 넘는 사람들이 안정적인 전기 공급 없이 살고 있는 현실 속에서 지난 12년 동안 아프리카, 중국, 남아시아 및 미국의 4개 허브를 통해 70개국에서 2천만 개 이상의 태양광 조명 및 전력 제품을 판매하여 1억 명이 넘는 사람들의 삶을 개선했으며 이를 통하여 특히, 2900만 명의 학령기 어린이들이 총 230억 시간의 태양광 조명을 사용하여 학업에 도움을 주었다. 그리고 283GWh(기가와트아우어)의 발전량 생산, 2300만 톤의 CO_2(이산화탄소) 상쇄, 44억 달러의 에너지 지출을 절감해 왔다. 우리는 태양열 솔루션 이외에도 비즈니스 소프트웨어 플랫폼인 '아틀라스 플랫폼(Atlas platform)'을 중소기업에 제공하고 있으며 지난 4년간 1백만 명 이상의 고객에게 서비스하고 있다.

사업주제: 지역 살림 운동, 도농 직거래 운동으로 농민운동 및 생명사상을 잃지 않고 믿을 만한 먹거리를 제공하는 비즈니스

우리(한살림) 협동조합의 생산자 수는 2278세대, 가공생산지 수는 123개, 생산공동체 수는 127개, 생산면적은 4856만 1983㎡에 달한다. 2021년에는 52개 생산공동체가 각 지역의 건강한 토양에서 각 지역의 기후와 풍토에 맞는 농사방식에 대한 한살림 참여 인증제도에 함께했다. 우리는 땅에 뿌리박은 토박이작물의 씨앗을 거두어 재배함으로써 생물다양성을 보전하고 다품종 소량생산의 지역순환 먹거리 체계를 지향한다. 2021년에는 72만㎡의 농지에서 재배한 32가지 토박이씨앗살림물품을 조합원에게 공급했다. 2021년 현재 전국의 매장 수는 239개, 물품 안전성검사 건수는 2138건, 가격안정기금 집행액은 1억 1422만 7410원, 신규 개발 물품 수는 66개에 달한다. 우리의 방사성물질 자주기준은 성인·청소년은 8베크렐(Bq)/kg, 영유아는 4Bq/kg으로 국가 허용기준인 100Bq/kg보다 훨씬 엄격하다. 이 밖에 잔류농약검사, 유정란검사, 항생제검사, 중금속검사 등을 실시하며 물품 안전성 관리에 힘쓰고 있다. 조합원 수는 79만 5315세대, 공급액은 4936억 3000만 원, 생산안정기금 집행액은 8억 5399만 5363원, 한살림펀딩 금액은 87억 6700만 원에 이른다. 2021년까지 '한살림펀딩'을 통해 투자받은 생산지는 41곳으로 펀딩상품은 127건, 투자 건수는 5407건에 이른다.

우리는 남·음·제로 캠페인을 통하여 온실가스(CO_2) 감축 효과 27만 톤을 보았는데 이는 30년생 소나무 4094만 그루를 심은 효과로 추산된다. 남·음·제로 캠페인은 음식물쓰레기 최소화를 위하여 남은 음식을 줄이는 캠페인으로 6400여 명이 참여하였다. 또한 회수된 재사용병 수는 38만 4592개, 옷되살림 모음양은 137.8톤, 우윳갑·멸균팩되살림 모음양은 5만 3954kg, 감축한 공급상자 수는 209만 8048개에 달하였다. 우리는 1997년부터 25년째 플라스틱이 아닌 종이 상자에 물품을 공급하며 재사용한다. 더 이상 재사용할 수 없게 되면 폐지로 재활용하기 위해 상자 내외부에 은박, 코팅, 표백 처리를 하지 않는다. 포장 개선으로 감축한 플라스틱 사용량은 20톤이며 한살림햇빛발전을 통한 전력 생산량은 136만 9694kwh이다. 또한 행복기금 적립액은 1646만 24원, 보호종료 자립준비 청소년 지원 기금은 2080만 5194원, 먹거리돌봄 우리재단 지원액은 5309만 5800원, 공유부엌 지원액은 2545만 원에 달한다. 식생활교육 참여자 수는 2만 3192명, 마음살림교육과정 참여자 수는 949명, 식생활교육 활동가 양성 인원수는 118명, 우리연구소의 강좌 등 참여자 수는 810명이다. 회원생협 수는 23개, 위원회 수는 116개, 조합원모임 수(마을모임·소모임·매장모임·온라인모임)는 506개, 도농교류 참여자 수는 5622명에 이른다. 조합원 교류와 활동의 장인 조합원모임은 조합원이 주체가 되어 자발적으로 만들어가는 우리의 기본 활동단위이다. 이웃 조합원과 우리의 정보나 일상을 나누는 마을모임, 육아·요리·독서 등 관심사가 비슷한 조합원끼리 교류하는 소모임, 같은 매장을 이용하는 조합원과 물품 및 매장 소식을 나누는 매장모임 등이 있다. 2021년에는 57개의 온라인모임을 시범운영했다. 우리가 팔레스타인가자지구에 지원한 모금액은 3808만 6363원, 필리핀 설탕 생산공동체 기금액은 1810만 원에 이른다.

• 작성 실습

■ 비즈니스 활동의 산출물(What, How many)

〈설명〉

〈요약〉

■ 사회적 성과(What, How much)와 사회적 영향(What, How much)

• 질문

· 비즈니스 활동과 산출물이 제공하는 사회적 성과물(정성적 성과의 화폐가치화 포함)은 무엇인가?

· 비즈니스 활동, 산출 및 성과물이 사회에 주는 영향(정성적 영향의 화폐가치화 포함)은 무엇인가?

• 용어

〈사회적 성과, Outcome〉는 사회적경제 기업이 사회문제 해결 및 사회혁신을 위하여 수행한 사업을 통하여 사회적 목표그룹 혹은 지역공동체 구성원 등 이해관계자가 인지한 이익을 말합니다.

〈사회적 영향, Impact〉은 사회적경제 기업이 사회문제 해결 및 사회혁신을 위하여 수행한 사업을 통하여 창출한 사회적 성과 이상의 경제적, 사회(공동체)(적) 및 환경적인 가치 창출의 중요하고도 긍정적인 사회변화의 기대효과를 말합니다.

• 답변 작성 방법

'❶ 사회적 성과'는 사회적 목표그룹 혹은 지역공동체에 준 이익을 정성적인 내용으로 설명하고 가능하면 정량적으로 화폐 가치화하여 작성합니다. '❷ 사회적 영향'은 비즈니스가 사회에 미친 광범위한 효과의 지속적이고도 중요한 변화의 영향을 설명하고 가능하면 화폐의 대용치를 찾아 화폐가치화하여 작성합니다.

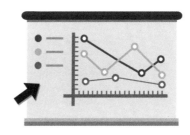

■ 사회적 성과(What, How much)와 사회적 영향(What, How much)

· 작성 예시

사업주제: 지역의 어르신 및 장애인들을 위한 오찬 및 집단 활동 제공으로 건강 회복을 돕는 사회적 비즈니스

이해관계자	변화예상	연간 산출물	사회적 성과 및 사회적 영향								
			사회적 성과 설명	사회적 영향 설명	측정	변화수량	지속기간	재무적대용치	화폐가치화	연간 영향력	산출근거
지역의 노인 및 장애인	건강증진	오찬: 7500끼 총인원: 10명 기간: 주 5일/50주	가벼운 치료, 집단 활동으로 병원 방문 횟수 줄어듦	병원 방문 및 입원 감소	일회성 조사	7	1년	사고 및 응급상황 처리비	13만 8천 원	96만 6천 원	영국국민 보건 서비스 (NHS) 비용장부
							1년	성인병 환자입원비	792만 6천 원	5548만 2천 원	
							1년	성인병 지속관리비 (20만4천원/1주)	1020만 원	7140만 원	
			일반 의원 간호 진단 수업을 통하여 건강이 좋아짐	일반의원 방문 예약 감소	설문·인터뷰	90	5년	일반의원 상담비	2만 8천 원	252만 원	
			하루 3회의 영양가 있는 식사제공으로 건강이 좋아짐	지역간호사 방문감소 (보고서)	설문	14	2년	지역간호사 방문비	5만 원	70만 원	
	활동증가	집단활동: 2500회 총인원: 10명 기간: 주 5일/50주	집단 활동으로 더 많은 친구와 시간을 보냄	건강한 지역 사회 일원으로 활동(보고서)	설문	16	1년	연평균 회비 (신규 클럽 가입 감소)	7만 1천 원	113만 6천 원	공예클럽 등 연평균 회비
퇴직 자원 봉사자	활동유지	식사운송: 4명 시간: 1일 3시간 기간: 주 5일/50주	퇴직 자원봉사자의 건강 증진	건강한 지역 사회 일원으로 활동(보고서)	연간 평가	4	1년	연간 지역노인의 수영 강습비 (비용투자 대체효과)	23만 9천 원	95만 6천 원	지자체
전체	-	-	-	-	-	-	-	-	-	1억 3316만 원	-

• 작성 실습

■ 사회적 성과(What, How much)와 사회적 영향(What, How much)						
이해관계자	변화예상	사회적 성과	사회적 영향	변화수량	재무적대용치	영향력 산출

■ 사회적 영향 확장 방안(Where, How)

- ## 질문
  - 사회적 영향의 확장 계획 혹은 성과는 무엇인가?

- ## 용어

〈사회적 영향의 수직적 확장, Scaling up〉은 사회적경제 기업의 기존 체제의 규칙이나 논리를 변경하여 더 높은 제도적 수준에 영향을 미치도록 옹호, 로비, 네트워킹 또는 대안적 비전 및 담론 지원을 통해 비즈니스 모델의 사회적 영향을 법률, 정책 또는 기관으로 체계화하는 것을 말합니다.

〈사회적 영향의 수평적 확장, Scaling out〉은 사회적경제 기업이 제한된 지역에서 제한된 방식으로 비즈니스 모델을 검증한 다음 통제된 직접적인 방법 혹은 개방된 간접적인 방법을 통하여 다른 지역사회로 복제하여 사회에 미치는 영향이 더 커지도록 확대하는 일을 말합니다.

〈통제된 직접적인 확장방법〉은 사회적경제 기업이 지점 설치 또는 사회적 프랜차이즈를 전개하는 방식 등으로 자사의 통제력은 많이 가지고 내부 조직을 성장시키면서 사회적 영향을 확장해 나가는 방법을 말합니다.

〈개방된 간접적인 확장방법〉은 사회적경제 기업이 전략적 제휴, 연합회(결성), 스마트 네트워크, 학습 및 컨설팅, 공개 소스 등의 방식으로 자사의 통제력은 줄이고 외부 파트너와 협력적인 관계를 통하여 사회적 영향을 확장해 나가는 구조를 말합니다.

- ## 답변 작성 방법

먼저, '❶ 사회적 영향의 확장 지역과 수량'을 범주 4의 해결과제인 '사회문제 해결의 최초 지역범위'와 같은 방법으로 지역을 정하고 확장의 수량을 작성합니다.

이어서 '❷ 사회적 영향의 확장 계획 혹은 성과의 방법'에 대하여 통제된 직접적인 확장방법 혹은 개방된 간접적인 확장방법의 계획 혹은 성과를 작성합니다.

■ 사회적 영향 확장 방안(Where, How)

· 작성 예시

사업주제: 저개발국가의 시골 여성에게 저렴하고 깨끗한 출산용 소독 키트를 제공하여 산모와 아이의 건강을 보호하는 비즈니스

우리(인도의 아이즈)는 비하르와 오디샤 지역에서 시작하여 인도 전역의 시골 여성으로 사회적 목표그룹을 확장할 계획이며 2030년까지 그리스, 온두라스, 가나, 케냐, 네팔, 탄자니아, 라오스, 소말리아, 인디아, 가봉, 나이지리아 등 아프리카와 중동의 20개 국가로 확장하고 10억 명의 산모 및 신생아에게 도움을 줄 계획이다.

우리의 핵심 제품 및 서비스가 고도로 표준화되어 있고 구조화되어 있다고 판단하여 '사회적 프랜차이즈' 방식으로 학장하려고 한다. 우리는 이를 통하여 우리와 동일한 방식과 브랜드로 사회적 영향력을 확장할 수 있을 것으로 판단하고 있다. 그것은 우리의 브랜드가 가맹점들이 우리와 동일한 방식으로 사업을 전개하면서 사회적 성과를 창출할 수 있을 정도로 널리 인정되었으며 표준화된 제품 또는 서비스 세트를 보유하고 있기 때문이다. 하지만 우리는 먼저 자국 내 지점과 해외 지사를 설립하고 우리의 제품과 서비스를 가맹점 고객에게 제공할 수 있는 생산 및 공급망 체계를 갖추는 일에 중점을 두고 사회적 프랜차이징을 진행할 것이다.

사업주제: 개방된 간접적인 확장방법으로 연합회를 결성하고
비즈니스를 확장하는 한국의료복지사회적협동조합연합회의 사례

많은 사회적경제 조직은 '협회(연합회)'를 통하여 공동의 연대를 구축하고 단체를 조직한다. 이것은 일관된 목표를 향해 함께 캠페인하고 대중적인 인식을 높이는 방법이다. 이러한 확장방법은 개별 회원 조직은 스스로 선택하고, 독립적으로 유지되지만, 회원 간에는 협력하는 방식을 취한다. 한국의료복지사회적협동조합연합회(이하, 연합회라 칭함)가 대표적인 사례이다. 의료복지사회적협동조합은 "공익을 목적으로 지역주민과 조합원, 의료인이 협동하여 의료기관 운영, 건강증진 활동 등을 통해 건강한 공동체를 만들어가는 사회적경제 기업"이다. 이들은 '나눔과 건강이 함께하는 건강한 공동체 지향', '건강할 때 건강을 지키는 활동을 더 소중하게 생각', '의료와 건강의 문제를 협동의 힘으로 해결하는 사회적협동조합', '영리를 목적으로 하지 않는 비영리법인'을 이념으로 활동하고 있다. 2019년 현재 연합회의 회원 조합은 25개이며, 총회원 수는 4만 8554명, 출자금은 총 133억 1249만 원에 이른다. 연합회는 국내 1세대 의료생협인 안성의료복지사회적협동조합으로부터 시작된 의료협동조합 연대를 모태로 하고 있으며, 지금도 전국의 각 지역에서 의료복지사회적협동조합 설립을 위한 연합회의 '컨설팅과 교육'이 진행되고 있다.

- **작성 실습**

■ 사회적 영향 확장 방안(Where, How)

〈작성〉

〈요약〉

■ 저자소개: 최중석

저자는 동국대학교에서 경영학 박사를 졸업하였다. 현재 강남대학교 교수로 재직하고 있으며 재미난청춘 세상의 주임멘토로 활동하고 있다. 저자는 한국 사회에서 사회적경제가 상업적 기업의 경제개념 혹은 경영 전략을 피상적으로 복제하여 사용하거나 정책목표 달성의 수단으로 치부되기보다는 지역공동체를 중심으로 사회문제를 해결하고 사회혁신을 달성하는 일, 아울러 지속 가능한 사회운동으로써 정착되어야 한다는 데 문제의식과 사명감을 가지고 활동하고 있다. 저자는 사회적경제의 본질에 충실한 원리의 탐구와 구성요소별 전략을 개발하고 사회문제 해결의 현장에서 활용할 수 있도록 연구와 교육을 진행하고 있다(연락처: komcg@hanmail.net). 본 안내서의 이론적인 배경과 참고문헌, 논리적인 근거, 그리고 사례연구의 보다 자세한 내용은 도서 《사회적경제학(Social Economics), 2023년 개정판》을 참고하면 좋을 것이다.

사회적경제 비즈니스 모델
수립 및 관리를 위한 안내서

The 'Our! Social Business Model Canvas' Guidebook

초판 1쇄 발행 2023년 6월 30일

지은이   최중석
펴낸이   이기봉
편집   좋은땅 편집팀
펴낸곳   도서출판 좋은땅
주소   서울특별시 마포구 양화로12길 26 지월드빌딩 (서교동 395-7)
전화   02)374-8616~7
팩스   02)374-8614
이메일   gworldbook@naver.com
홈페이지   www.g-world.co.kr

ISBN   979-11-388-2048-6 (13320)

* 이 도서는 2018년 대한민국 교육부와 한국연구재단의 지원을 받아 수행된 연구(NRF-2018S1A5A8031103)의 결과로 출판되었습니다.